KODOMO NO HINKON: NIHON NO FUKOUHEI O KANGAERU
by Aya Abe
© 2008 by Aya Abe

Originally published in 2008 by Iwanami Shoten, Publishers, Tokyo.
This simplified Chinese edition published 2021
by SDX Joint Publishing Company, Limited, Beijing
by arrangement with Iwanami Shoten, Publishers, Tokyo

东瀛世相

儿童的贫困 I
对日本不公平状况的思考

［日］阿部彩 著
王伟 译

生活·讀書·新知 三联书店

Simplified Chinese Copyright © 2021 by SDX Joint Publishing Company.
All Rights Reserved.
本作品简体中文版权由生活·读书·新知三联书店所有。
未经许可，不得翻印。

图书在版编目（CIP）数据

儿童的贫困.Ⅰ，对日本不公平状况的思考／（日）阿部彩著；王伟译.—北京：生活·读书·新知三联书店，2021.12
（东瀛世相）
ISBN 978-7-108-07079-1

Ⅰ.①儿… Ⅱ.①阿…②王… Ⅲ.①儿童-贫困问题-研究-日本 Ⅳ.① F131.36

中国版本图书馆 CIP 数据核字（2021）第 019445 号

责任编辑	叶 彤
装帧设计	康 健
责任校对	张国荣
责任印制	徐 方
出版发行	生活·讀書·新知 三联书店
	（北京市东城区美术馆东街 22 号 100010）
网 址	www.sdxjpc.com
图 字	01-2019-5190
经 销	新华书店
印 刷	三河市天润建兴印务有限公司
版 次	2021 年 12 月北京第 1 版
	2021 年 12 月北京第 1 次印刷
开 本	787 毫米×1092 毫米 1/32 印张 8.625
字 数	135 千字
印 数	0,001-6,000 册
定 价	49.00 元

（印装查询：01064002715；邮购查询：01084010542）

目 录

前 言

第一章　生长在贫困家庭 …………………………1

　第一节　为什么贫困是个问题 ………………2

　第二节　贫困的连锁效应 ……………………19

　第三节　生长在贫困家庭 ……………………30

　第四节　儿童贫困是政策课题 ………………37

第二章　测算儿童的贫困 …………………………41

　第一节　儿童贫困的定义 ……………………42

　第二节　日本儿童的贫困率高吗? ……………53

　第三节　贫困的都是什么样的儿童 …………58

　第四节　日本儿童贫困的现状 ………………75

第三章　为了谁的政策——检视政府的

　　　　　对策 ……………………………………77

第一节　从国际视角看日本政策的现状……78
第二节　儿童对策的菜单……84
第三节　儿童贫困率的逆转现象……96
第四节　消解"逆向功能"……105

第四章　被逼迫的母子家庭中的儿童……107
第一节　母子家庭的经济状况……108
第二节　母子家庭中儿童的成长……125
第三节　对母子家庭的公共援助——政策都做了些什么……134
第四节　不是"母子家庭对策"，而是"儿童对策"……146

第五章　学历社会与儿童贫困……151
第一节　处身于学历社会……152
第二节　"意识差距"……157
第三节　义务教育再思考……166
第四节　为实现"最低教育保障"……180

第六章　思考儿童的"必需品"……187
第一节　应该给予所有儿童……188
第二节　儿童的剥夺状态……200

第三节 贫乏的贫困观 …………………… 217

第七章 面向"儿童对策" …………………… 219

第一节 把儿童的幸福作为政策课题 …………… 220

第二节 "面向儿童贫困为零的社会"的

11个步骤 ……………………… 227

第三节 几个处方 ………………………… 242

第四节 需要的不是"少子化对策",而是"儿童

对策" …………………………… 249

后　记 …………………………………… 253

主要参考文献 …………………………… 259

前　言

　　大多数日本人对"儿童茁壮成长的理想家庭"的印象，绝不是富人家庭，而是即便贫穷，家人的依赖关系也很紧密的温暖而幸福的家庭。我们很容易想到的就是这样的家庭。《海螺小姐》中的矶野家、《樱桃小丸子》中的樱家、最近因吉永小百合扮演温暖的母亲角色而成为话题的电影《母亲》（山田洋次导演，2008年）中的家庭，等等，哪一个都绝对不是富裕的家庭。电视剧和小说给人的印象反倒是，富人家庭中人际关系比较淡漠，子女在成长过程中往往遭遇不幸。《樱桃小丸子》中的花轮家，虽然是管家"秀大叔"用豪华轿车接送孩子上学的家庭，但与其相比，三代人一起围着圆桌边看电视边吃橘子的樱家看起来更幸福。矶野家和樱家都是"普通家庭"，一般来说，只要在"普通家庭"中长大，现代日本的孩子通常都会被认为是幸福的。

说到有关儿童的社会问题，人们都会谈论到严峻的应试大战带来的精神压力、对接连不断开发出来的游戏的沉迷及互联网的不良影响等，都是些与孩子所在家庭的经济状况无关的问题。甚至有这样一种氛围，认为这些问题更多地发生在富裕家庭中成长的孩子身上。

在这种情况下，把日本儿童长期面临的经济状况看作社会问题，成为一种禁忌。最根本的原因在于，日本是"总中流"社会这种思维在作怪。很多人相信，虽然现实中有在儿童福利设施中长大的孩子，也有在领取最低生活保障家庭中长大的孩子，但是这些孩子是极少数的特例，日本大多数儿童都已远离"贫困"。同时，人们还认为，虽然多少有些差异，但所有儿童都能接受相应的教育，只要有能力和热情，就能在社会上获得成功。

但是，进入20世纪90年代以后，人们开始意识到日本是"格差社会"[①]，于是，"一亿总中流"之说变成神话。在这种情况下，2006年7月，经济合作与发展组织（经合组织，

---

① 格差：日文名词，指差异、不平等、贫富差距；格差社会即社会阶层差距巨大或者越来越大的社会，也译作差距社会。本书将根据具体情况分别使用"格差"和"差距"两种译法。——编者

OECD）在《对日经济审查报告》中指出，日本的相对贫困率在经合组织各国中仅次于美国，位居第二。这给日本带来了很大冲击，媒体也多方报道。也就是说，日本的贫困得到了"公认"。已经习惯了将"格差"一词用于日本社会的普通民众，也对于将"贫困"一词用于日本感到震惊。

如果成人社会存在格差，那么，依赖大人收入生存的孩子之间当然也会产生格差。上述经合组织报告也对儿童的贫困率发出了警告，指出：①日本儿童的贫困率逐渐上升，2000年达到14%；②这一数值高于经合组织各国的平均值；③母子家庭的贫困率更为突出，尤其是母亲工作的母子家庭贫困率更高。经合组织指出的这些问题，很多研究人员都做过介绍。2007年初，在野党在国会提问中提及此事，同年年末提出《儿童补贴法案》，政治上的动作也逐渐显著。面向普通民众，2008年5月《东洋经济周刊》组织发表了以"儿童格差"为题的专集（东洋经济新报社，2008年5月17日）。"儿童"与"格差"终于被媒体摆放在一起进行报道。这在我们长期从事贫困研究的研究者当中，被理解为一件划时代的事情。此后，《钻石周刊》也在同年8月刊发了题为"格差世袭"的专集（钻石社，2008年8月30日）。

但是，即便如此，儿童的经济问题依然被用"格差"这个词来形容，看似谈了"贫困"，其实并没有论及。《东洋经济周刊》"儿童格差"专集的一部分虽然提出了"'儿童的贫困'最前线"，但其内容仅限于虐待问题、最低生活保障问题、孕妇健康检查公费补贴的地区差距问题，等等，并没有真正把"儿童"与"贫困"联系起来。究其原因，大概是因为搞不清楚怎样的生活水平是"贫困"，什么程度之前不是"贫困"，分界线在哪里。

经合组织报告书所指出的"儿童贫困率14%"，确实让人感觉很高，但我们不清楚这里所说的"贫困"依据的到底是什么标准。这可能是绝大多数日本人的感受。换句话说，既然生活在资本主义社会，出现某种程度的"格差"也是没办法的事情。花轮家的生活水平和樱桃小丸子家的生活水平有差距，难道是社会问题吗？的确，如果花轮和樱桃小丸子在应试大战中竞争，受惠于幼儿教育和家庭教师的花轮可能会胜出。也就是说，"机会平等"没有得到保障。但并不是谁都想上有名的大学，就算是去了也并不能保证一定会幸福。如此一来，讨论总是在原地打转，无法进行下去。

因研究贫困问题而著名的日本女子大学岩田正美教授，

把贫困定义为"不能容许的东西",以此作为区别贫困与否的基准(岩田正美,2007)。完全没有差距的乌托邦世界姑且不论,在现代资本主义社会当中,必然有些人生活水平相对高,有些人生活水平比较低。也就是,一定存在或多或少的"格差"。对于儿童来说也是一样,以完全同样的条件站在起跑线上这种完全的"机会平等",可以作为理想来谈论,但要得到实质性的保障几乎不可能。可是,贫困和差距不同。消除贫困并不是追求完全平等主义。"贫困"是一种生活水平,即使社会存在差距,但社会中的任何人都不应该低于这一生活水平,社会不应该容许它的存在。

"不应该容许"这一基准是一种价值判断。可能有人认为,"不能容许日本的现代社会中有饿死的人",也可能另外的人觉得"有饿死的人也没办法"。可能还有人认为"所有的孩子,只要本人有愿望、有能力,就应该享有接受大学教育的权利",可也许有人不这么想。正因为如此,"贫困"的定义,就是怎样看待社会应有样态这一价值判断。

本书要讨论的是在"不能容许的生活水平即贫困状态"下生活的儿童的事情。在此过程中,将讨论对于孩子们来说"不能容许的生活水平"是什么这一问题。因此,内容上专业术语和统计描述比较多，还请读者谅解。

另外，笔者在儿童福利领域，主要关注虐待儿童的事例、有身心障碍的儿童、在儿童福利设施成长的孩子等，经常探讨儿童福利各方面的问题。这些儿童所面临的问题，在儿童问题当中是最为严峻的，这一点毋庸置疑。但是，本书并不集中来谈论它们。本书要论述的是这些儿童处于这种状况的背景因素之一的"儿童的贫困"，同时并不限于此，还将把"儿童的贫困"作为关系到更多家庭中成长的孩子们的问题去把握。因为我想让大家明白，"儿童的贫困"绝不是局限于极少数特殊事例的现象，而是所有人身边存在的问题。

笔者既不是儿童福利相关人员，也不是每天都能接触到"贫困儿童"。因此，本书不能描述生活中每个儿童的具体事例。本书的目的是尽可能向读者提供关于日本儿童贫困的客观数据。数据是推动政治的强有力工具。我想在分析这些数据的同时，与读者一起思考"对于日本儿童，社会不应该容许的生活水平即儿童的贫困"是什么。

第一章 生长在贫困家庭

第一节　为什么贫困是个问题

很多人生长在贫穷却温暖、幸福的家庭，成长为出色的人。几乎所有人都是这样。相反，也有人在富裕的家庭长大，却成为不幸的人。"前言"中提到的《钻石周刊》专集还刊登了《流浪汉成为总经理的激励》等专栏，社会上也有一些像他们那样在严酷的状况下，经过努力取得成功的人。我向这些人表示由衷的敬意。

但问题在于有多大的概率。生长在贫困家庭的儿童和生长在非贫困家庭的儿童，受到"温暖""幸福"家庭恩惠或经济上获得成功在概率上是否有差异？差异又有多大？站在这样的角度来看，很多数据都表明了这样一个事实：贫困儿童和非贫困儿童相比，处于"不利"的境地。

贫困与学力

我们先根据国际学生评估的数据，来看看儿童成长家庭的社会经济阶层与学生能力的关系。OECD每三年进行一次的"国际学生评估项目"（PISA评估）（2006年评估了5952名日本学生），对全世界15岁的儿童进行数学素养、科学素养、阅读素养的相同测试，进而调查各国教育的现实状况。每次测评之后都发布结果，新闻媒体用很多的篇幅来报道日本在各国当中的排名。从2000年、2003年、2006年的排名结果来看，日本学生的阅读素养分别是第8位、第14位和第15位；科学素养分别是第2位、第2位和第6位；数学素养在2000年名列第1位、2003年第6位、2006年第10位。日本的"下跌"日益显著，引发了很大的议论。

　　本书想讨论的并不是日本儿童整体平均能力下降的问题。新闻报道中虽然没有涉及，但实际上PISA评估还调查了各国学生能力的差距及对差距产生影响的因素。我关注的是学生能力的差距及其动向。虽然该调查没有询问家庭收入，令人有些遗憾，但调查询问了父母的学历和职业，下面介绍一下它们与学生能力的关系。

　　首先，从父母的学历与子女的学习素养关系看，其差距显而易见。不论是科学素养、阅读素养还是数学素养，都是父母的学历越高，子女的素养也越高。而且，差距有扩大的趋势。2003年的数学素养结果与2006年的数学素养结果相比较，可以发现，父亲学历为"后期中等"（高中）与"高等"（大学）之间，母亲学历在"初等"（小学）、"前期中等"（初中）与"后期中等"

图 1-1a 父亲学历与儿童学力

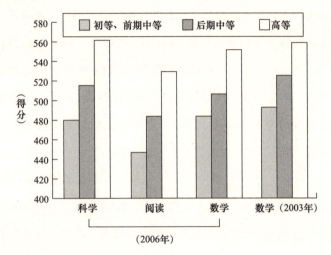

原数据：PISA2006，2003
出处：国立教育政策研究所编（2007）

（高中）之间及"后期中等"（高中）与"高等"（大学）之间的差距在扩大。仅仅三年时间，差距就变得如此之大。尤其是母亲学历为"初等、前期中等"子女的数学素养得分本来就很低，三年后变得更低了，很让人担忧。这样的儿童占全体的4.4%。

那么，直接影响家庭经济状况的父母职业与儿童学习素养的关系如何呢？PISA的调查把父亲和母亲的职业及职业地位按"国际标准职业分类"进行划分，具体分为"下""中

图 1-1b 母亲学历与儿童学力

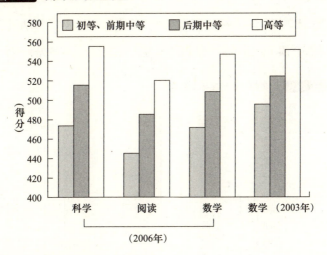

原数据：PISA2006，2003
出处：国立教育政策研究所编（2007）

下""中上""上"四个阶层。这里，我们来看看各个分组的平均得分（图1-2）。可以发现，根据父母社会经济阶层的不同，儿童学习素养的平均得分有很大差异。特别引人注意的是属于"下"阶层的儿童。"中下"和"中上"的差距并不是很大，"上"比"中"略显突出，同时，"下"与"中"也有同样的差距。由于私立中学儿童的比例约为7%（文部科学省2007年度《学校基本调查速报》），如果"下""中下""中上"基本相同，只是"上"比较突出,可以解释为"上"当中包括许多上私立"应试学校"的精英。但是,"下"的儿童和"中下"的儿童基本都就读于公立中学,他们之间为什么会产生这样的差距呢?

图 1-2 父母的社会阶层与儿童学力

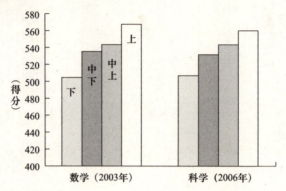

原数据、出处:同图 1-1

关于儿童学力的差距问题,将在第五章中再一次讨论,这里希望读者先记住,根据父母的学历和职业不同儿童的学力有差距,而且差距在扩大。

贫困与育儿环境

在读者当中,也许很多人都觉得"成绩稍微差一点也没关系"。可能还有人认为,在补习班、幼儿教育等校外教育已经普及的今天，由于家庭社会经济阶层不同，在儿童学力方面出现差异也是没办法的事情。即使在学校的成绩不好，只要孩子能在温暖的家庭中茁壮成长不就很好吗？

但是有数据表明，父母养育子女的环境也在很大程度上受家庭经济状况的影响。札幌学院大学松本伊智郎教授等人以小学二年级学生、五年级学生、初中二年级学生的父母为对象，对育儿与收入的关系进行了调查（样本数为1023人，调查年份为2001年）。表1-1显示的是该调查的部分结果。

表1-1 育儿环境与年收入的关系（2001年） （%）

年收入（日元）	休息日和孩子一起开心玩耍	近一年内与家人郊游或旅行	经常与学校的老师交流孩子的事情	家里没有人一起商量孩子的事情	家人之外没有可以商量孩子事情的人	生病或发生事故时、没人代替照顾孩子
200万以下	26.8	59.2	30.1	19.7	19.7	16.7
200万—300万	31.7	63.0	41.5	14.8	15.3	22.6
300万—400万	37.0	73.8	36.0	8.6	11.0	10.3
400万—500万	30.3	75.2	35.6	8.6	11.0	10.3
500万—700万	31.3	83.3	38.2	4.7	6.0	14.6
700万—1000万	27.6	88.8	39.6	4.7	16.8	13.0
1000万以上	38.7	90.3	38.7	0.0	6.3	9.4

数据：松本等人对有小学二年级、五年级及初中二年级儿童的父母进行的调查，调查对象为1023人（2001）
出处：松本（2007）

回答"休息日和孩子一起开心玩耍"的父母比率,年收入1000万日元以上的父母为38.7%,年收入200万日元以下的父母为26.8%。回答"家里没有人一起商量孩子的事情"的父母,年收入在200万日元以下的占19.7%,而年收入700万日元以上的占4.7%,1000万日元以上的为0。"生病或发生事故时,没人代替照顾孩子"的父母,年收入200万日元以下的占16.7%,1000万日元以上的占9.4%。

所有的父母都在努力构筑"温暖家庭",但是,由于父母年收入的不同,养育孩子的环境大不相同。如果没有人可以一起商量孩子的事情,在关键的时候没有人帮忙,休息日也不能悠闲地和孩子一起度过,那么孩子就难以在"温暖的家庭"中"茁壮成长"。当然,并不是所有低收入家庭都是如此,归根结底是"概率"多少的问题,但毫无疑问的是,低收入家庭在养育子女过程中面临困难的父母偏多。

贫困与健康

前几天,读了一条让人震惊的新闻报道。其内容说的是没有健康保险的儿童在增加(《朝日新闻》大阪版,2008年8月21日;东京版,同年9月2日)。日本把"全民皆保险"

作为社会保障制度的基本理念,以所有国民都有健康保险为傲。当然,儿童也不例外。如果父母在职场加入了健康保险,儿童作为被抚养的家庭成员就能享受健康保险的保障;如果父母没有在职场加入健康保险,则应该以家庭为单位加入自治体的国民健康保险。

但是,近些年来,滞纳国民健康保险保费的情况在增多。2006年,在加入了国民健康保险的家庭中有19%拖欠保费。如果持续拖欠保费,国民健康保险证就会被没收,取而代之的是发放"被保险人资格证明书"。有报道说,持"资格证明书"就诊要由本人先垫付全部医疗费用,所以就有人犹豫要不要去就医,结果因延误治疗而导致死亡。在全国大约有35万户家庭持有的是"资格证明书",占已加入国民健康保险家庭总数的1.4%(铃木,2008)。

笔者也了解国民健康保险方面的问题,但还是对这些问题竟然涉及儿童这一事实感到吃惊。因为国民健康保险是以家庭为单位加入的,所以如果未加入的家庭内有孩子的话,自然,那些孩子也就处于没有保险的状态。根据大阪社会保障推进协议会(大阪社保协)的调查,处于"无保险"状态的初中生以下的儿童,在大阪府内至少有1720人。另外,横滨市社会保障推进协议会的报告说,在该市内持有"资格证明书"的中小学生为3692人,占整体的1.3%(《朝日新闻》)。

本来,在没有出现这种"无保险"状态之前,健康保险中抚养家庭成员医疗费的个人负担比例就是30%,本人医疗费的个人负担比例也从10%提高到20%,再从20%提高到30%。在这种情况下,即使缴纳了保费,因为个人负担费用很高,所以有些家庭孩子没有得什么大病,就不带他们去医院,这也不足为奇。根据自治体的不同,也有免除儿童医疗费的地方,但对儿童年龄的要求各不相同。也有很多自治体根本没有这样的制度。在日本,也很有可能出现由于儿童成长家庭的经济状况不同,儿童健康出现差异的状况。

那么,实际上有没有证明儿童健康与儿童所在家庭及其经济状况有关的数据呢?很遗憾,据笔者所知,在日本还没有这样的数据。但是,在日本以外的一些国家,很多研究都证实了"儿童的健康差距"。譬如,加拿大的研究人员分析认为,在低收入层和高收入层的孩子之间确实存在健康差距,而且差距随着孩子年龄的增长而扩大(Currie and Stabile,2003)。分析不同年龄儿童健康差距的结果表明,虽然从0岁开始就存在差距,但特别是从 10 岁左右开始差距进一步扩大,低收入层(定义为加拿大官方贫困线以下的家庭)的孩子健康在 10 岁后急剧恶化(图 1-3)。同样,在美国的研究也证实了儿童时期健康差距的存在及差距的扩大(Case et al., 2002)。

图 1-3 加拿大儿童的健康差距

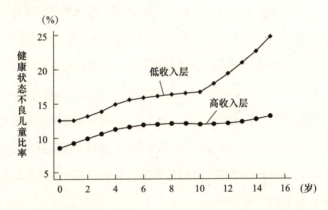

出处:Currie and Stabile(2003)

这里说明一下,加拿大已经实现了"全民皆保险",所有儿童都被免费医疗制度所覆盖。美国是一个独特的国家,没有以全体国民为对象的公共健康保险制度,但州政府为低收入层的儿童提供免费的医疗保险。无论是美国还是加拿大,至少政府都努力让儿童接受平等的医疗服务。在这种情况下，为什么儿童健康会有差距呢？在欧美国家的研究当中，营养状况、居住环境、社区环境、家庭内部环境等，都是分析的对象。关于这些问题，我想在下一节进行讨论。

贫困与虐待

欧美的儿童贫困研究屡屡指出虐待儿童与家庭经济环境的关系。但在日本，人们还没有认识到这种关系。近几年来，终于有讨论这种关系的书籍出版发行，并摆放在人们举目可见的地方。其中，具有代表性的书籍之一是《儿童的贫困》（浅井春夫等编，明石书店，2008年）。现任东京都北儿童咨询所儿童福利司[①]的川松亮在书中指出，虐待孩子与贫困之间存在统计调查可以验证的相关关系，并列举了四项调查的结果。这里介绍其中两项。

第一项是2002年儿童家庭综合研究所进行的调查。调查对三个道府县17个儿童咨询所收留的501例"受虐儿童"的家庭状况进行分析，结果表明，"最低生活保障家庭"为

---

① 儿童咨询所专职咨询员。——译注

19.4%,"免除市町村民税"和"免除所得税"的家庭为26%,两者合计,接近半数。可见,与日本全部有子女家庭相比,发生在低收入家庭的"虐待儿童"事件更多。从家庭类型来看,母子家庭占30.5%,父子家庭占5.8%,母子和事实婚丈夫的家庭占9.9%,单亲家庭的比例较高。从"虐待类别"看,单亲家庭更多的是放弃育儿(放弃抚养,生病时放任不管,不给足够的食物,不照顾日常生活等),可以想象,单亲家庭的父母很难既挣钱维持家庭生计又抚养子女。

第二项,根据2003年东京都福利保健局进行的调查,东京都内儿童咨询所受理并作为虐待儿童事件进行处理的约有1700件事例,从这些儿童监护人的工作情况看,亲生父亲有固定工作的只占55.5%,无业人员多达17.6%。有某种工作的亲生父亲为67.7%,与东京都整体的81.6%相比低14%。不仅单亲家庭多,即使是双亲家庭,父亲职业不稳定的比率也很高。从家庭类型看,母子家庭占30.6%,父子家庭占5.0%。

表1-2显示的是,负责事例的职员询问的家庭状况,一般认为这些状况可能导致虐待儿童,答案是多项选择。一般来说,人们往往把"孤立无援"和"育儿疲劳"看作虐待儿童的原因,但在这项调查中,回答最多的是"单亲家庭"和

"经济困难",第一项选择了"育儿疲劳"的家庭,也把"经济困难"选为重合性因素。说到"育儿疲劳"和"孤立无援",就会联想到家庭主妇,她们抱着幼小的孩子,周围没有可以商量的人,独自等待只有深夜才回来的丈夫,精神上被逼得走投无路。但在这项调查中这种事例反而很少。

表1-2 虐待儿童家庭的状况

家庭状况	事例数	同时观察到的其他情况(前三项)
单亲家庭	460	①经济困难②孤立无援③工作不稳定
经济困难	446	①单亲家庭②孤立无援③工作不稳定
孤立于亲戚和邻居	341	①经济困难②单亲家庭③工作不稳定
夫妻不和	295	①经济困难②孤立无援③育儿疲劳
育儿疲劳	261	①经济困难②单亲家庭③孤立无援

原数据:东京都福利保健局《儿童虐待的实况Ⅱ》(2005年12月)
出处:川松亮《从儿童咨询所看儿童虐待和贫困》,载浅井春夫等编《儿童的贫困》(2008)

在日本,之所以贫困与虐待的相关性没有被讨论,其理由之一,就是人们想避免让"贫困者=儿童虐待者"这种歧视性的印象固定下来。但是,也可以说,由于对产生虐待家庭的经济问题视而不见,所以没有采取防止虐待发生的必要手段。以儿童咨询所职员为中心组成的全国儿童咨询研究会指出,"一直以来,儿童咨询所接待的各种各样咨询的背景当中,都有共同的养护问题。这里所说的'养护问题'可以理解为广义上的贫困问题，在虐待儿童的背景中常常隐藏着非常严重、复杂的养护问题"，因就业不稳定、福利减少等因素造成的"生活不安是导致离婚、DV（domestic violence，家庭暴力）和虐待儿童的背景因素之一"（全国儿童咨询研究会，2003）。因此，全国儿童咨询研究会建议，为了防止虐待儿童事件的发生，需要"在加强虐待儿童对策的同时，采取贫困对策和雇佣对策等，从更广泛的角度援助国民全部生活"（同上）。

贫困与行为不端

家庭贫困会提高儿童行为不端的概率。可是，对这一事实，日本也视而不见。北海道大学准教授岩田美香以调查少年院收容的儿童而著名，她说："1977 年的《犯罪白皮书》首次提出了'少年行为不端普遍化'，但此后，关于少年犯罪和少年行为不端，从未公开讨论其中的贫困因素。"（岩田美香，2008）

岩田经常引用下边的数据。2004 年《矫正统计年报》（法务省）指出，从全国少年院新收容的 5248 名人员的家庭生活水平看，富裕阶层为 2.8%，普通阶层为 69.8%，贫困阶层为 27.4%，实际上有近 30% 的少年院学生是在"贫困状态"中长大的。少年院学生家庭中贫困阶层的比例从1985年（31.9%）到1995年（21.6%），呈减少趋势，但之后有所反转，2004年增加到接近1985年的比例。另外，从1985年到2004年接受监督观察的少年的家庭状况看，贫困比例为8.1%—14.5%，而进入少年鉴别所的少年家庭则为17.5%—26.8%，少年院为21.6%—31.9%，少年犯罪的程度越重，其出生于贫困家庭的概率就越高。

岩田指出："贫困家庭儿童的成长，不仅体现了家庭金钱不足，也体现了其家庭环境和生活经验方面的差异。……在难以上高中的情况下，他们作为学生的期间也很短，经历的是不能失败的成长过程。"（岩田美香，2008）根据岩田的调查，少年院学生与普通学生相比，全家人一起吃晚饭的比率极低，大多是一个人吃或和家人以外的人一起吃。另外，还经常受家暴，将来就业的希望也很渺茫。从家庭类型看，母子家庭占40%，父子家庭也接近10%。

这里想说的不是"贫困层的孩子很危险"等固有观念，而是需要向使孩子走上歧路的家庭伸出援助之手。至少，首先要认识到，在儿童行为不端背后存在着贫困这一社会问题。

贫困与疏远感

下面来看一看家庭贫困与儿童生活质量关系的数据。前面引用过的经合组织"国际学生评估项目"2003年调查，除了儿童的学习素养，还调查了儿童对学校生活的感受。2003年调查的是，是否同意"在学校感觉自己是外人（或者是受排斥的人）""在学校怯懦，感觉不舒服"等问题。日本儿童与其他国家相比，以压倒性的比例回答说"很有这种感觉""有这种感觉"。这是令人非常悲伤的数据。

笔者关注的是，在日本什么样的儿童有这种疏远感。因此，从父母的职业和学历的角度，分别对经合组织给出的社会经济阶层（"白领上""白领下""蓝领上""蓝领下"）进行了统计，其结果如图 1-4 所示（5% 统计学意义）。

对于"在学校怯懦，感觉不舒服"这一问题，回答"很有这种感觉""有这种感觉"的都是"蓝领"的孩子，相反，回答"完全没有这种感觉"的大多是"白领"的孩子。关于"同学都觉得我很好"这种来自朋友的评价，仍然是社会经济阶层越高的，赞同的人越多，而"蓝领下"的孩子更多回答"完全没有这种感觉"，持完全否定的态度。最后，关于"大

图 1-4 儿童感受到的学校生活

a) 在学校怯懦，感觉不舒服

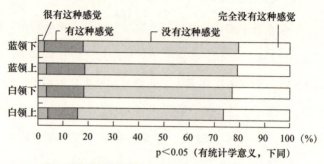

b) 同学都觉得我很好

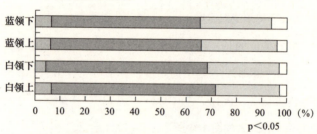

c) 大多数老师公平对待我

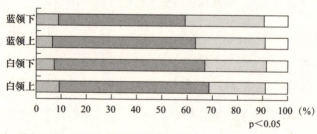

出处：笔者根据 PISA2003 调查原始数据统计

多数老师公平对待我"这一与老师关系的问题,很明显,社会经济阶层越高赞同的人越多,社会经济阶层越低否定的比例越高。"蓝领下"阶层有四成的学生表示"没有这种感觉"。

学校在儿童的生活中占据着中心位置。在学校生活中,儿童是否能心情舒畅,感受到自己是其中的一员,对儿童自身的生活质量有很大的影响。在这种主观性认识上也产生了贫富差距。

第二节 贫困的连锁效应

成人之后依然处于不利地位

以上的数据表明,贫困家庭中成长的儿童在学习能力、健康、家庭环境、行为不端、虐待等各个方面,与非贫困家庭中成长的儿童相比,处于不利地位。这些都与儿童时期的经济状况,也就是儿童时期的家庭状况有关。这种相关性,对于工作在儿童福利领域一线的人来说,是众所周知的事实,很多读者也会对这一事实表示认同。

但是,儿童时期家庭贫困的不利因素,不仅仅停留在儿童时期。这个"不利因素",很可能会持续到儿童长大成人之后,甚至困扰其一生。

对这一问题,外国有很多实证研究。欧美各国的一些研究,持续对儿童成长进行10年、20年的长期关注,调查儿童时期的贫困经历与长大之后的各种状况有怎样的关联,结果表明,两者之间有显著的相关性。

譬如,在美国的一项研究中,分析了25岁到35岁成人的劳动收入和(成人之后的)贫困经历,在多大程度上受到了儿童期(5岁到18岁)家庭收入的影响。结果表明,男性的劳动收入和工资(换算为时薪)、贫困经历,直接受到儿童时期贫困的影响(Corcoran & Adams,1997)。

另外一项研究,对1957年高中毕业的一万多人在34年后的1991年进行了跟踪调查。研究报告指出,高中毕业时父母的收入,不仅影响到最终学历和大学升学率,还影响到52岁时的就业状况和劳动收入(Hauser & Sweeney,1997)。儿童时期的贫困经历,"到什么时候都是不利因素"的概率很高。

15岁时的生活状况与后来的生活水平

由于在日本没有这种长期跟踪调查,所以对儿童时期的贫困与成人后状况关联性的研究一直没有进展。但是，笔者所做的调查获得了令人感兴趣的结果，这里做一介绍。

2006年，笔者与其他研究人员在东京近郊地区以20岁以上的男女约1600人（从居民基本台账中随机抽样，访问留置方式）为对象，进行了"社会生活实际情况调查"。调查的目的，在于通过调查项目对人们的实际生活状况进行测算。调查项目包括："收入低""物品缺乏（是否有电视、微波炉等）""衣食住的状况（是否缺少食物、房子是否漏雨等）""与社会的关系（是否去选举投票、是否参加町内会等）""人际关系（一周和别人说几次话、生病时有没有人护理等）"。调查收回约600份问卷，调查对象的最小年龄是20岁，最大年龄93岁。

在本次调查的问题中添加了"15岁时的生活状况"一项。15岁是义务教育阶段的最后一年。我们想了解，在这一时间点上家庭所处的经济状况，如何影响其最短五年、长则七八年之后的生活状况。

结果表明，15岁时的生活状况，与现在基本生活必需品是否满足有很大的关联。比如，回答"过去一年有过因钱不够用而没能买食品经历"的人，有26%回答说"15岁时的生活状况""非常艰苦",有15%回答说"艰苦",其他人回答说"一般""稍微宽裕"和"非常宽裕",比率为6%。

并且,在"过去一年拖欠过房租""没有家庭专用厕所"等居住项目,以及是否拥有电视、冰箱、微波炉、礼服等家产、家电方面,也明显可以看到因"15岁时生活状况"的不同而出现的具有统计学意义的差距。这一点在第六章将详细论述。这里要说明的是,在这一调查中,本人选择不需要的物品,不在分析数据之内(如由于不喜欢电视所以没有电视机的情况,则不认为其生活水平低),调查只分析想拥有但"由于经济的原因"无法拥有的情况。

15岁时的"生活状况",似乎也与以后的人际关系淡薄有关。在缺少"生病时能照顾自己的人""寂寞时能述说的人""能商量的人"等显示人际关系支持网络的项目上,回答15岁时"非常艰苦"的人占34%,"有些艰苦"占23%,"一般"占16%,"艰苦"比例越高人际关系就越淡薄。

为什么会出现这种相关性?很容易联想到的是现在的收入较低。也就是说,15岁时的"生活状况"关系到现在的收入,所以从图1-5所观察到的相关性才能成立。

图 1-5 15岁时的生活状况与现在生活水平

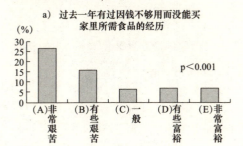

a) 过去一年有过因钱不够用而没能买家里所需食品的经历

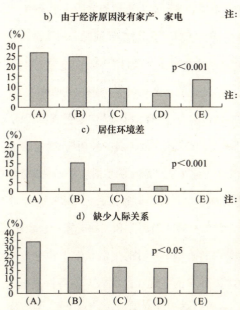

b) 由于经济原因没有家产、家电

c) 居住环境差

d) 缺少人际关系

注：家产、家电=(电视、冰箱、微波炉、冷暖气设备、热水器、固定电话、手机、录像机、立体声收音机或收录机、个人电脑、礼服、西装、足够全家人用的被子)缺少一项以上。

注：居住环境=过去一年拖欠过房租。居住设备（家庭专用厕所、家庭专用厨房、家庭专用洗脸间、饭厅与卧室分开、夫妻以外还有家人的情况下有多间卧室），由于经济方面的原因缺少上述三项以上。

注：缺少人际关系=(生病时能照顾的人、一个人不能做的家务有人帮忙、能商量调换工作、搬家、结婚等人生大事的人，能商量家庭纠纷的人，寂寞时能诉说的人，同居家人之外常来看望孩子和老人的人)缺少三项以上。

出处：根据《社会生活实际情况调查》菊地（2007）制作
各图不包括当事人没有拥有意愿的项目

进一步发挥一下想象力,脑海中会浮现出以下图式:

"15岁时的贫困"→"有限的受教育机会"→"不如意的职业"→"收入低"→"生活水平低"

也许在"不如意的职业"和"收入低"之间,还可以加入"被解雇的经历"和"离婚"等与贫困密切相关的人生大事。

因此,为验证这一图式,我们用"多元回归分析"法进行了分析。该方法可以在若干条件下从统计上验证某变量 X 与其他变量 Y 是否相关。本调查给出的条件是"现在的收入""性别""年龄层""现在是否单身""有无子女""是否有(长期)患病、受伤的经历""离婚经历""被解雇的经历",变量 X 为"15岁时的生活状况",变量 Y 为"现在的生活水平(缺乏食物的经历、缺乏家产和家电、居住环境恶劣、缺乏人际关系)。"

结果显示,在"缺乏食物的经历"和"缺乏家产、家电"方面,即使具备其他条件,"15岁时的生活状况"也会产生影响。也就是说,这里列举的"现在的收入"等条件完全一样的两个人,如果15岁时的生活状况一人"艰苦"、另一人"宽裕",那么,这两个人的现在生活水平之间还是存在差距。

这对于笔者来说是一个重大发现。为什么？因为，以前笔者认为，即使儿童期的贫困会以某种形式影响长大之后的生活水平，但那只不过是通过长大之后的"收入"这一媒介得以体现。但是，如果即使"现在的收入"相同，还有"儿童时期贫困"的影响，那么，贫困这一"不利因素"就不仅限于"现在的收入"，而是以难以看见的形式，切切实实地积累下来。以下的图式也就得以成立。

"15岁时的贫困"→"有限的受教育机会"→"不如意的职业"→"低收入"→"低生活水平"

日本的这一调查，调查对象人数比较少，而且，只是在一个地区的调查，只能说还是暂时的结果。今后，如果不能进行更多的这种调查，那么，就不能很好地说明儿童时期的贫困与成人后生活水平之间的关系。但是，总结欧美的各种研究和日本这一调查结果，从中得到的启示也显而易见。儿童时期的贫困，在其长大之后继续产生影响。

也就是说，儿童在贫困状态下成长，不仅会给儿童当时的学习能力、成长、生活质量等带来不好的影响，还会作为儿童一生必须背负的"不利"条件因素积累下来。而且，它也许不仅仅体现"收入低"这一方面。儿童时期的贫困，是后来无法消除的"不利"因素。

代际间连锁效应

如果儿童时期的贫困经历对成人后的收入和就业状况产生负面影响，那么，很容易想象到其"不利因素"也很容易被下一代所继承。本书开头介绍的《东洋经济周刊》"儿童格差"专集的标题报道，就是大阪府堺市领取最低生活保障家庭的"贫困连锁效应"。报道说，对领取最低生活保障390户家庭的调查结果表明，其中25%从父母一代就领取了最低生活保障（道中，2007）。这种情况的母子家庭是41%。这个调查被大众媒体反复报道，民众深感震惊。

在社会学领域，众所周知，父母阶层和子女阶层之间有着很深的关联。父母的学历和子女的学历有相关关系，父母的职业阶层和子女的职业阶层也有相关关系。可以表明这些相关关系数据非常多，这里介绍其中几个普通读者也很容易理解的数据。

大阪大学准教授吉川彻利用SSM调查（社会阶层和社会

流动全国调查)这一大规模调查的数据,对父母学历和子女学历的关联进行了详细的分析(吉川,2006)。图1-6是根据父亲的不同学历,分别来看1995年时年龄在20岁至69岁的男女的学历(同上)。结果表明,父亲是大学毕业,本人也是大学毕业的比例为66%,而父亲是初中毕业,本人是大学毕业的比例只有14%。显然,父亲是高学历,本人也很有可能是高学历。从贫困连锁效应的观点来看,父亲是初中毕业,本人也是初中毕业的比例为三成,本人是高中毕业的比例约

图1-6 学历的代际间关系

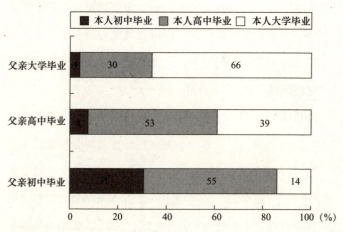

p<0.001
出处:吉川(2006)

为五成，大学毕业是14%。如果父亲是初中毕业，那么本人也是初中毕业的概率较高，大学毕业的概率则大幅降低。

但是，因为得到这一数据的调查对象是20岁至69岁的人群，年龄层较宽，所以学历在父子间的传承也许只是发生在年龄较大的人群中的现象。因此，吉川把样本的出生年按10年一代分组来进行分析。这里省略详细数据的描述，仅介绍吉川的结论。他认为："日本整个社会在学历方面的代际关系，今天50岁以上的人，也就是从战前至经济高速发展时期取得学历的人，是走向平等和开放的。"但从大学毕业和非大学毕业这一较大的分界线来看，50岁以下的世代"曾一度走向平等，但中途便止步不前，停留在离完全消除壁垒还很远的水平上。如今的年轻年龄层，无论从哪个指标来看，都处于再度封闭的过程中"（吉川，2006）。

还有研究表明，这样的结果，不仅限于学历，还体现在职业阶层的传承上。东京大学准教授佐藤俊树分析说，尤其是在社会上层的职业阶层，父母和子女之间的传承程度在"大正世代""战中派""昭和世代"中呈下降趋势，但在之后的"团块世代"中反转为上升（佐藤，2000）。无论是从学历看，还是职业阶层来看，代际间传承无处不在，虽然代际的关联性曾一度有所减弱，但近年来又在加强。

从贫困研究的角度看，值得关注的是，学历和职业阶层的这种连锁效应，在社会下层程度如何。关于这一点，虽然没有 SSM 调查那么大的样本量，但是福利相关领域的研究人员也积累了很多的事例研究。

例如，北海道大学教授青木纪，以对领取最低生活保障的 19 个母子家庭的详细访谈为基础，记录了"不利因素的积淀"。研究表明，19 个家庭中有 14 个家庭的祖父母家职业不稳定，有 12 个家庭经历过经济困难（其中三户有领取最低生活保障的经历）。另外，还有半数以上经历过父母离婚或父亲死亡。此外，虽然数据有些陈旧，但也可以说明问题。东京女子大学名誉教授镰田 TOSHI 子 [①]，在 1976 年对 63 名单身中老年进行了调查，其中，未成年时家庭贫困的占 44%，经历过父亲死亡的占 21%，经历过母亲死亡的占 24%，家里长时间有病人的占 27%（镰田编，1999）。领取最低生活保障的家庭、虐待子女的父母、无家可归的人等，面临诸多生活问题的人们，多数都由父母那一代传承了"不利因素"。

[①] 日文为：鎌田とし子。——译注

第三节 生长在贫困家庭

连接贫困与成长的"路径"

为什么贫困会影响儿童各方面的成长呢?

前面介绍的几个统计数据,虽然表明了家庭收入与儿童的学习能力、健康等各方面的成长有相关关系,但并没有证明直接的因果关系。因为儿童时期的贫困与儿童成长的关系,有可能是由与两者都有关联的不同因素引起的。

这在研究贫困对策方面是非常重要的问题。比如,如果儿童的最终学历只受到"因为父母收入少,无法支付高中和大学的教育费用"的影响,那么通过完全实行免费教育,就可以消除贫困儿童的不利因素。但是,如果儿童的学习能力受到家庭环境的影响,那么,仅靠免费教育就无法改善贫困儿童的不利因素。即使政府实行高中、大学全额免费,但父母总是不在家,没人督促他做作业,在这种状况下成长的孩子,或许连升学的本事都学不到。

作为儿童贫困的具体对策,政府需要采取包括什么内容（收入保障、援助父母就业、教育课程、食品补助等）的介入措施才有效？要把握这一点，就需要弄清楚贫困是如何影响儿童成长的。这种贫困对成长的影响方式称为"路径"（path）。

令人遗憾的是，现在还没有弄清楚到底存在怎样的"路径"，其决定性机制又是什么。以贫困为主题的研究人员的工作就是要揭示这一路径，可以说，全世界的贫困研究者都致力于解决这个问题。目前，已经有了一些成果，虽然只是一部分，但已经掌握了几个事实。一个事实就是，路径不止一个，而是复合的，它反映了贫困家庭的各个方面。图1-7整理了其中一部分。这里不对列举的各种"路径"一一加以说明，只介绍几个主要观点。

各种"路径"

从直觉上最容易想到的可能就是经济方面的路径。因为没钱，无法让孩子上高中、上大学，更不能上课外的辅导班、艺术班、体育班。无论是要让孩子进一流大学还是培养职业运动员，都需要相应的"投资"。作为"投资"方式，既有孩子的教育费等直接支出，还有一些看起来不包括在"育儿费

图 1-7 连接贫困与成长的"路径"

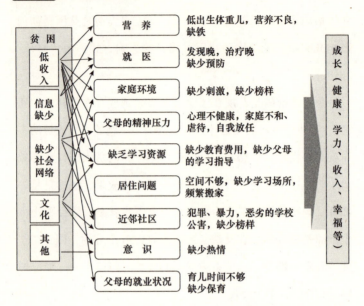

出处：笔者以 Seccombe（2007，日译本，小西，2008）的图为基础进行了加工修改

用"里的项目，如住到有评价好的公立小学的地区，暑假让孩子到海外去体验生活，住房有孩子单独的房间，等等。这些都被归为"投资学"（Investment Theory）。

另一种是"好父母论"（Good-Parent Theory）。在"好父母论"中，主要有"榜样论"和"压力论"。"榜样论"是指父母成为子女的榜样,父母关于自己出人头地和完成学历的价值观被子女所继承。医生的孩子为成为医生而努力,政治家的孩子为成为政治家而努力。父母是大学毕业生的孩子,认为自己至少也要大学毕业(吉川称之为"避免学历下降机制"。吉川,2006)。其结果是,父母的职业阶层和学历被子女继承。相反,父母也可能成为负面的"榜样"。例如,父母自身因为职业不好、收入低,而对学业和工作有悲观的想法,这个想法也会被子女继承。

"压力论"指的是,由于经济困难状态长期持续,父母压力越来越大,家里的孩子没有舒适健康的成长环境。经济上的压力有时会引发父母之间的争吵及亲戚关系的紧张,最坏的情况还有可能导致家庭虐待。

同时,还有"遗传说",认为儿童的成长,不为儿童所处的经济环境,即所谓"出身"所决定,而是由从父母那里承继的生物学上的能力所决定。成绩好的儿童,由于其家长聪明,本人继承了父母的"能力",所以代际间的职业、收入阶层也得到传承。虽然在贫困研究者中几乎没有人提倡这种观点,但一般来说,社会上这种说法根深蒂固(如"××君,父亲是东京大学毕业,所以他很聪明",等等)。

在社会学领域也有很多着眼于传承父母"文化"的观点。比如,"文化再生产论"认为,人们在生长家庭中获得"文化资本",其不平等因素会给以后的成长带来不平等。这里所说的"文化资本",不仅仅是学力等看得见的东西,还包括待人接物、知性的谈话方式等看不见的东西。另外,还有反学校文化等类型的"文化"传承的视角。近年来,也有研究者主张"儿童时期在领取最低生活保障等政府援助的家庭中成长,就会形成那种'习惯'"("依赖福利文化论")。

除此之外,还有通过地域这一媒介的"路径"。如学校的质量和包含近邻居民等在内的居住地区的环境等。对于在欧美贫民窟地区长大的儿童,经常有人说,那周围根本没有儿童觉得"想成为那样人"的大人(缺少楷模)。也有研究指出,儿童玩耍的路边就有毒品交易,这种环境对儿童的影响很大。在现代日本,也存在地区差距,这样的事情绝对不是"外国的可怜故事"。

这里要强调的是,"遗传说""文化论""榜样论""贫困的人没能力""贫困的人不懂勤劳文化""贫困的人缺乏努力"等说法都很危险,搞不好就会导致对贫困者的偏见。这样的偏见,以前曾经在美国等国家作为"下层阶级(underclass)

论"横行于世,就是说,贫困的传承是由父母遗传下来的资质决定的。但是,现在欧美的贫困研究,一般不会从这样的脉络展开讨论。因为欧美的贫困研究普遍认为,如果贫困的人们对将来抱有悲观的态度,或者有"努力也没有用"的想法,那就是社会机制出了问题,是社会让他们产生了那样的想法。

"关键"还是收入

从欧美的贫困研究中得知的第二个事实是,尽管路径很多,但父母的收入都会或多或少地影响子女的成长。前面提到的各国拥有长期观察儿童数据的研究成果,都证明了这一点。

要想排除上述非经济性"路径"的影响,只观察"收入"这一经济性"路径"影响,只要严格地将儿童的能力、家庭环境、父母育儿意识、地区环境等其他一切条件相同而收入不同的两个儿童的成长进行比较就可以了。也就是说,需要一个实验框架,对"控制组"和收入不同于控制组的"对象组"进行比较。当然,如果是新药试验,完全可以进行这种实验,可社会性实验却相当难。但是在美国,有很多这样的社会实验,有许多只检验收入对儿童成长影响(称为"收入效应")的研究。也就是,在同一地区,招募大量的接受测试人员,从中随机抽选一半作为对象组,每月给予××美元的收入保障;把剩余半数人员作为控制组,什么都不给。然后,在几个月到几年后看两组儿童的成绩和学业完成情况的变化。如果只是对象组儿童的成绩上升,控制组没有上升,就说明存在只源于收入的影响,也就是存在收入效应。

使用这种方法的研究结果基本一致,就是存在收入效应。例如,克拉克-考夫曼等人,以0岁到15岁的儿童为对象,进行了14项实验项目,对对象组和控制组进行比较(Clark-Kauffman et al.,2003)。实验项目包括只给现金、除现金外还提供(父母)就业帮助、只提供就业帮助等各种形式。结果表明,给以充足现金的实验项目对0~5岁儿童的成长(参加实验后2年到5年的时间里所测算的学习能力和老师的评价)产生积极影响,但是没有提供现金(只提供服务)和现金不充足的实验项目并没有产生影响。也就是说,仅仅是由于收入的增多,儿童的学习能力就得到了提高。

第四节　儿童贫困是政策课题

需要的是缩小差距的姿态

正如"前言"所述，如果国家不禁止私立学校和补习班，不介入家庭内部环境，就没有可能实现完全的"机会平等"，让每个儿童都在同样的家庭环境中成长，接受完全相同的教育，在完全相同的条件下面对社会上的竞争。

从这个意义上说，"机会平等"既不存在也从来没有存在过。对于本章介绍的众多数据，可能也有许多读者认为"事到如今，没什么可吃惊的"。

也许还有人认为，每个人都有与生俱来的天赋，有的孩子学习好，有的孩子会运动，理所当然会有差距。在社会竞争中，学习不好是"不利"因素，运动神经迟钝也是"不利"条件，外表看上去的好与坏也会影响结果。所以，家庭经济状况和家庭环境也是一种"不利"因素，面临这些"不利"因素的儿童，虽然让人同情，但那也没有办法。

笔者不赞成这种"没办法"的想法。儿童出生的家庭状况,是儿童素质之外的问题。这就像百米赛跑,一开始起跑线就被向后挪了10米一样。这样一来,无论那个孩子具有跑得多快的天赋,也不可能赢。也许有罕见的天赋和激情,在这种情况下也会跑赢百米赛跑,但概率很小。

重复一下,笔者这里想说的不是必须要有"完全的平等"。本书主张的观点有以下两点。

第一,所有儿童都应该享受关系到其基本成长的医疗、基本的衣食住行、基本的义务教育及业已普及的高中教育(生活)。即使在存在"差距"的情况下,这些也都是应该给予所有儿童的最低限度的生活。这就是"贫困标准"。本书的题目之所以不是"儿童的差距",而是"儿童的贫困",理由就在于此。本书基于的理念不是"机会平等"这种比较的理念,而是"儿童的权利"。

第二,即使不可能实现"完全平等",也不应该认为"没有办法"而容忍下去,社会应有的姿态应该是朝"完全平等"的方向去努力,哪怕是一点点。迄今为止,日本的社会以及日本的政府,对于儿童的贫困都太不关心。我觉得整个社会都沉醉于"一亿总中流"的幻想当中。

同时,尤其是关于第二点,还有为了做出"努力"应该投入多少财源的疑问。也许有读者怀疑，在日本严峻的财政状况下，向贫困儿童投入财源是否为明智之举。对于这些读者，这里简单地阐述一下反驳意见。首先，没有实现"机会平等"是社会的损失。本应是一等的儿童成不了一等，而二等的儿童却成了一等，其结果就是社会整体水平的下降。其次，如果有几成的儿童对未来不抱希望，懈怠不努力，整个社会的活力就会减弱。即使在存在差距的情况下，即使在处于不利条件的情况下，也能对未来抱有希望，必须要把差距控制在这个程度。解决儿童贫困问题，不仅符合儿童自身的短期和长期利益，也对整个社会有很大的益处。

第二章

测算儿童的贫困

第一节　儿童贫困的定义

　　日本贫困儿童的百分比是多少呢？这个问题看上去简单，其实并不简单。日本没有由政府正式公布的贫困标准（贫困线）。在其他一些国家，有的政府设定正式的贫困标准，公开承诺减少不达标人口的比例，但遗憾的是，日本政府连贫困标准的指标都没有设定，更没有根据正式统计计算出的贫困率。

　　在没有正式的贫困标准的情况下，包括大众媒体在内，大多数日本人都只能从印象上去把握"贫困"。譬如，非洲难民儿童和第二次世界大战刚刚结束后的日本等，对于这些缺吃少穿的状态，大多数的日本人会说是"贫困"，但对此之外的贫困印象是很模糊的。在现代日本社会，付不起学校配餐费的儿童是"贫困"的吗？在公园露宿的流浪汉是"贫困"的吗？每天都在快餐店吃晚餐的自由职业者是不是呢？到底什么程度的生活水平是"普通"，什么程度以下是"贫困"呢？从年收入上说，到底多少万日元是分界线呢？

　　如上所述，2006年经合组织在《对日经济审查报告》中指出，日本的贫困率为15.3%，在经合组织各国中是排名最高的国家之一。当时之所以很多人对这条消息感到震惊，可能就是因为15%这一数字比人们的感觉高出了很多。的确，如果在印象上把饿死、冻死这种状况作为贫困，也许很难相信在日本还有很多贫困的人，更不用说贫困的儿童了。那么，这一数值是根据怎样的贫困定义计算出来的呢？出人意料的是，很少有人了解这一点。

同时，在大众传媒中，常有"××人中就有一人生活在最低生活保障标准以下""×××%的年收入在200万日元以下"等用于引起轰动的表述，实际上，了解"最低生活保障标准"是怎样决定的人，也许仅限于少数福利相关人员和研究者吧。"200万日元以下"虽然感觉上很低，但在这个水平以下就是"贫困"吗？

为了解这些问题，本章将从解释经合组织等机构通常使用的儿童贫困定义开始。

相对贫困的概念

无论是经合组织和欧盟（EU）等国际机构讨论发达国家的贫困时使用的贫困标准，还是日本生活保障法规定的最低生活保障标准，都根据"相对贫困"这一概念来确定。所谓相对贫困是基于这样的考虑：人们要在某个社会中生活下去，至少需要与那个社会的"普通"生活水平相距不远的生活水平。就是说，作为人被社会认可的最低生活水平，不能离那个社会的"普通"生活水平太远，在这个水平以下的生活就被定义为"贫困"。因为，人要作为社会的一员生活下去，就要工作、结婚、与人交流，因此，在衣着上不能仅为抵御风寒，还需要在人前不丢脸的衣服，也需要电话等通信手段和上下班的交通费等。这些"费用"是由那个社会的"普通"生活水平来决定的。

相对这一概念的是"绝对贫困"。所谓绝对贫困，就是人们生活所必需的东西，与社会整体的生活水平无关。缺少食品和医疗等状态，就是绝对贫困。提出绝对贫困这一概念的是20世纪初英国的贫困研究者西伯姆·朗特里（Seebohm Rowntree, 1871—1954），他以把"维持劳动能力最低限度"的"供餐费"作为基础的方法对贫困做出了定义，所以，绝对贫困往往被解释为"衣食住"不能满足最低生活水平的状况。如发展中国家饥饿的儿童、战争刚结束后的日本等等，可以说，普通民众容易联想到的贫困，是"绝对贫困"的概念。

也许这两个概念看起来是根本不同的概念,但其实也差不太多。在一个社会当中,什么是"绝对贫困",受生活在那一社会中人们的想法所左右,总是要反映那一社会的生活水平。为了说明这一点,笔者经常使用的例子是"鞋子"。假设现在日本有买不起鞋,只能光脚去学校的孩子,日本的一般市民几乎都会认为这个孩子处于"绝对贫困"的状态。但是,如果这个孩子住在非洲的农村,村里的人也许不认为没有鞋子是"绝对贫困"。也就是说,即使是"绝对贫困",要做出判断,也要与那一社会的"普通"相比较,用的是"相对的视角"。

现在,经合组织和欧盟等发达国家讨论贫困时,大多使用"相对贫困"这一概念。这是因为,大家讨论贫困问题的前提是,发达国家已经基本消除了朗特里所定义的那种"绝对贫困"。

相对贫困的定义

实际上,相对贫困率是怎么计算的呢?

经合组织使用的划分贫困的方法是,对家庭净收入(从收入中扣除税金和社会保险费,加上养老金及其他社会保障补贴之后的金额）用家庭人数进行调整，以中位数（需要注意的是从高到低正中间的数值，不是平均值）的50%作为贫困线进行划分。希望大家注意，这里说的是"净收入"和"家庭收入"。也就是说，人们实际可以用的不是收入，而是从中要缴纳税金和社会保险费，然后加上养老金和儿童补贴等能从政府那里领取到的金额的"净收入"。在税金和社会保险费负担日益增加的今天，"收入"和"净收入"之间的差别很大。

另一个是，还要看"家庭"的合计收入。最近，从大众传媒上经常可以看到"××%劳动者的年收入在××日元以下""穷忙族"等表述。在这些数据中，既有做临时工补充丈夫收入的专职主妇，也包括孩子打零工挣零花钱的情况。考虑到人们的生活水平是由整个家庭的收入水平决定的，严格来讲，不能一概说这些人都处于"贫困"状态。

现在回到贫困率的定义。经合组织把社会最为标准（中位数）的家庭"净收入"约一半以下的生活定义为"贫困"。"50%"这一数值并不是绝对的，有时也使用40%或60%。欧盟就把中值的60%作为正式的贫困标准之一。

这一贫困线，为很多国际机构和研究人员所使用，在测算发达国家贫困方面，是最为普遍的标准。但是，对这一标准也并不是没有批评的声音，其中最主要的意见认为，收入归根结底是间接地预测生活水平，而不是生活水平本身。譬如，大富豪可以一边一点点变卖财产，一边过着优雅的生活，也许他的收入是零，可生活水平绝对不低。对于这一意见的反驳是，这种情况是例外，通常情况下，生活水平与收入有很强的关联性，这是人们的共识。因为很难客观地测算人们的生活水平，所以把收入作为替代变量。关于直接测算生活水平的方法，请参照第六章。

另一个较大的批评意见认为，不论是50%还是60%，界限的划分都很随意，归根结底不过是研究人员的一种"游戏"而已。当然，生活水平是连续的，从性质上讲，不能说低于贫困线1日元就是"贫困"，高于贫困线1日元就是"普通"。对于这一批评，只能说贫困线不过是一个指标，是测算贫困动向和趋势的工具。

某人是否"贫困"，并不能从客观上做出非常准确的判断。但可以做出大致的推测。用收入中位数50%的方法和第六章所描述的"剥夺"（deprivation）来测定贫困的方法，是贫困研究领域在多年推测方法讨论中开发出来的。有了贫困的测算方法，就可以监测贫困动向，掌握贫困是增加趋势还是减少趋势。另外，这也使国际比较成为可能，可以通过与其他国家的比较，了解自己国家的贫困是多还是少。进一步说，还可以把削减贫困作为政策目标，作为政策评估的指标。还可以研究社会中什么样的人陷入贫困的风险高，是否应将其列为政策对象。并且，在一些情况下，还可以把贫困作为识别政府贫困政策项目（在日本来说是最低生活保障和社会保险费的减免制度等等）对象的一个标准。为此，经合组织、欧盟、联合国等国际机构也设立了专家委员会，每天都致力于贫困标准的选定和测定方法的精细化。

重要的是要有测算贫困的意识。如果因为担心不能正确地划分界限或担心出现误差而踌躇不前，那么无论到什么时候，贫困都是"假想的产物"，无法迈出把贫困放在政策讨论桌上的第一步。

贫困率与差距

回到贫困率的问题上来吧。为了直观地理解相对贫困，先来确认一下贫困线在整个社会收入分布中的位置。图2-1表示的是日本家庭收入分布的实际情况（2003年度）。单位是"个人"。所有"个人"（包括儿童）的"家庭收入"，是将其所属家庭的家庭成员所有收入合计之后，以家庭人数进行调整后的数值。横轴表示的是用这一方法计算出的"人均"家庭收入。如果想把这个"人均"收入换算成家庭的合计收入，请将这个数值乘上家庭人数的平方根。

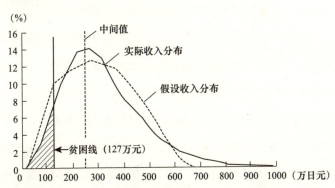

图2-1 日本的家庭收入分布与贫困家庭（2003年度）

注：贫困线=127万日元。从家庭户单位看，1人户为127万日元，2人户为127×$\sqrt{2}$=180万日元，4人户为127×$\sqrt{4}$=254万日元。
出处：笔者根据2004年《国民生活基础调查》推算

实线是2003年的实际收入分布，表示各收入阶层（这里以50万日元为单位）人口分别占总人口的比率。把实线"山形"部分相加为100%。人口比例最高的是250万—300万日元区间，总人口的14.3%属于这个收入阶层（人均。2人家庭为

356万—424万日元，4人家庭为500万—600万日元）。收入的中值是254万日元，位于山体顶峰稍左位置。因为贫困线为中值的50%(人均)，所以是127万日元。左侧的竖线表示贫困线。属于贫困线左侧斜线部分的人口被定义为贫困人口。贫困率这一指标要说明的是，实线下"山体"面积（总人口）中，有百分之多少的人处于贫困线左侧（斜线部分）。"儿童的贫困率"表示在所有儿童当中，处于贫困线左侧的儿童的百分比。

这样计算出来的相对贫困线，与最低生活保障标准惊人地接近。本来，最低生活保障标准就是以接近普通家庭消费水平中间位置约60%的水平设定的，基于非常接近经合组织相对贫困标准的考虑，两者相近也理所当然。但是，由于生活保障标准因家庭人数、年龄、居住地等而不同，是用非常复杂的计算公式来计算的，所以人们并不十分了解这两个标准实际上很相似。

因此，为了确认一点，对这两个标准做了计算，结果如表2-1所示。生活保障标准中的低值表示一般认为物价水平较低的地方城市的标准，高值表示东京都23区等物价较高地区的标准。由表可见，相对贫困标准，除单身老年家庭户略高外，基本都处于生活保障标准范围内。

表 2-1 相对贫困线与生活保障标准（2006 年）（单位：万日元）

典型家庭户事例	相对贫困标准	生活保障标准
1 人户（68 岁）	127	84—111
2 人户 （母子家庭，母亲 32 岁，孩子 5 岁）	180	140—181
4 人户 （父亲 35 岁，母亲 32 岁，孩子 10 岁和 8 岁）	254	204—265

注 1：生活保障标准为三级地区二类至一级地区一类[①]。
注 2：母子家庭约增加 24 万—28 万日元（一年）。母子家庭增加额度从 2005 年起逐步减少，预计在 2009 年取消[②]。
出处：生活保障标准由笔者根据《保护手册》（2006）推算

笔者在说明相对贫困时，经常会听到以下两种意见。

一种意见是，"相对贫困和'格差'是同一回事啊"。这种看法不对。所谓格差是考虑"山体"整个形状的指标。极端一点说，贫困率并不考虑贫困线右侧山体的形状。假设图 2-1 中实线所表示的收入分布转移到虚线所示的收入分布，那么，总体情况将发生这样的变化：随着高收入阶层减少，"山体"高

---

① 日本最低生活标准根据各地物价水平和生活水平将全国分为三个等级地区，每个等级地区又分为两个类别。一级地区一类标准最高，三级地区二类标准最低。——译注
② 日本最低生活保障对于单亲家庭在保障标准之上有增加额度，2009 年曾一度取消，同年 12 月恢复。——译注

度降低,呈现出较为平等的收入分布,格差缩小;但是,贫困线左边的部分变大,贫困率升高。由此可见,贫困率和收入差距往往会出现相反的趋势。

比如,1991年到2000年期间,美国的基尼系数(说明收入差距的代表性指标,数值越大说明差距越大)由0.338上升到0.368,但同期的贫困率却从18.1%减少到17.0%(Luxembourg Income Study,LIS)。美国进入20世纪90年代以后,高收入阶层的收入越来越多,格差也扩大了。但是,由于这期间中低收入阶层的收入也略有增加,所以贫困率下降。同样是收入差距的扩大,但根据同时伴随的是贫困的增加还是贫困的减少,给社会带来的影响完全不同。这一点不言自明。

经常听到的第二点意见是:"这么说,相对贫困是不会消失的啊。"也就是说,大家都知道,所谓收入分布,大致上是这种"钟形曲线"(中间多,逐渐向两端下降),所以无论哪个国家,可能贫困率大致都是一样。但是,也不能说这种看法是正确的。

在发达国家中,"钟形曲线"的形状多种多样,贫困率也是各不相同。比如,卢森堡1994年的贫困率为3.9%,同年美国的贫困率为17.8%。儿童的贫困率差距更大，1995年芬兰的贫困率是2.0%，1994年的美国是24.5%。发达国家也并不是每个国家的贫困率都一样。目前还没发现"贫困率＝0"的国家，而在20世纪90年代的发达国家中，贫困率从百分之几到人口的四分之一，数值上也有较大幅度的差异。

这种差异是由什么造成的呢？简单地说，就是那个社会的经济状况和雇佣状况以及国家和地方自治体的政策造成的。所谓政策，关于最低工资和雇佣的规制自不待言，还包括公共扶助、儿童津贴、公共养老金等社会保障制度。贫困率在很大程度上取决于国家是否致力于减少贫困。关于这一点，将在第三章详细叙述。

第二节　日本儿童的贫困率高吗？

从整个社会看儿童的贫困率

我们用相对贫困的标准来计算一下儿童的贫困率。首先来对儿童（这里所说的儿童指年龄在20岁以下的未婚者。但如果他是户主，就有可能是远离父母的学生，难以了解包括其父母在内的家庭收入,所以即使符合这一条件,也将其从样本中排除)的贫困率与中年层(20~59岁)、老年层(60岁以上)的贫困率做一比较。图2-2是根据厚生劳动省进行的"国民生活基础调查"大规模调查年份(样本数约为2.5万—3万户)的数据,按不同年龄层,统计出的1989年到2004年的贫困率。

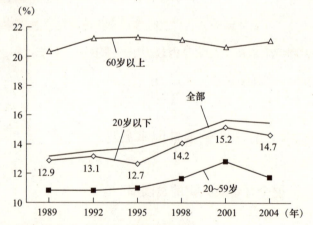

图2-2 贫困率的变化(1989—2004年)

出处:笔者根据各年《国民生活基础调查》推算

根据这一结果,在日本社会中贫困比例最高的是老年人,其贫困率保持在20%—21%的较高水平。贫困比例最低的是中年层,占11%—13%。20岁以下儿童的贫困率,在最近年份的2004年,为14.7%。也就是说,大约7个人中有1个儿童处于贫困状态。

进入20世纪90年代以后,日本儿童的贫困率大幅上升,从1989年的12.9%上升到2001年的15.2%,虽然2004年略有降低,为14.7%,但其上升幅度高于其他所有年龄层。同一时期,老年人的贫困率基本稳定。儿童的贫困率上升,与日本的社会保障支出过多地向老年人倾斜不无关系。

从国际比较看日本儿童的贫困率

那么,日本儿童这15%的贫困率在国际上处于怎样的位置呢?

图2-3所显示的是,发达国家儿童贫困率从20世纪80年代到21世纪前10年前半期的变化情况。这是卢森堡收入研究所(Luxembourg Income Study,LIS)这一国际机构,为了能够进行国际比较,以相同定义收集的各国数据。日本虽然没有参加这个国际组织,但为了能与LIS数据进行比较,图中对日本也用同样的定义来计算贫困率。这里的贫困概念也是相对贫困,标准为各国社会全体收入中位数的50%(因

图 2-3 儿童贫困率国际比较

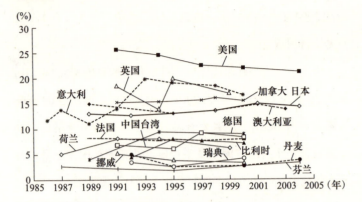

出处：笔者根据各年《国民生活基础调查》推算

为计算方法略有不同，所以数值与图 2-2 有差异）。

由图可见，日本儿童的贫困率比美国、英国、加拿大及意大利低，但与瑞典、挪威、芬兰等北欧各国及德国、法国等大陆欧洲各国、日本之外唯一的亚洲地区的中国台湾相比处于较高的水平。也就是说，日本儿童的相对贫困与其他发达国家和地区相比也相当严重。在 LIS 的数据中，也能得到与本书卷头提及的经合组织报告相同的结果。而且，日本儿童与其他国家和地区的儿童相比，贫困率之高并不是进入 21 世纪后才有的新现象，而是在 20 世纪 90 年代初期就出现了这种趋势。

这里再谈谈从图中看到的日本以外国家和地区的情况。首先，一眼就能看出图中美国儿童的贫困率"鹤立鸡群"。美国是一个彻头彻尾的市场主义国家，可以说其负面影响也波及了儿童（美国贫困阶层的孩子，医疗和教育需求都不能得到满足，作为生存的最后手段，只好当兵被送到伊拉克去）。关于这样的过程，堤未果的《新闻报道：贫困大国美国》（岩波新书）做了详细介绍。

英国的儿童贫困率从20世纪70年代开始上升，1995年达到近20%。对此感到忧虑的安东尼·布莱尔首相（时任）承诺，在2020年前把儿童的贫困率减少一半，此后英国的儿童贫困率开始缓慢下降。

与这些盎格鲁-撒克逊国家成为鲜明对照的是，北欧各国儿童的贫困率一直在5%以下。其中，在教育方针作为"芬兰方法"而备受瞩目的芬兰，最近（2004年）的儿童贫困率为3%多一点。儿童较高的教育水平，不仅得益于教育方针，儿童稳定的生活经济水平也起到了支撑作用。作为日本社会保障制度方面范本的德国，儿童的贫困率也在10%以下。

第三节 贫困的都是什么样的儿童

双亲家庭和单亲家庭

下面,我们来看看哪些儿童处于贫困状态的概率比较高。

首先来看儿童所在家庭的类型。其中有双亲家庭和单亲家庭(母子家庭及父子家庭)这两个大的分类,除此之外,还有父母及"父母的父母(祖父、祖母)"共同生活的家庭(三代同堂,无论是双亲家庭还是单亲家庭都可能有这种情况),还有父母不在身边,与祖父、祖母同住的儿童,也有与长大成人的哥哥和姐姐、叔父和叔母一起居住的情况,日本儿童的家庭类型多种多样。从2004年的《国民生活基础调查》来看,约63%的儿童所在家庭是仅有父母和子女的核心家庭中,29%是三代同堂家庭(表2-2)。三代人同住的家庭有减少的趋势,现在大约三个儿童当中就有一人生活在三代同堂家庭中。母子家庭约4%,父子家庭在1%以下,其他家庭约占3%。也有不少家庭是65岁以上老人与不满20岁的孩子住在一起的。

表 2-2 儿童所在家庭的结构与贫困率

	构成比率（%）	贫困率（%）
父母与子女家庭	63.2	11
三代同堂家庭	28.5	11
母子家庭 *1	4.1	66
父子家庭 *1	0.6	19
老年人家庭 *2	0.1	—
其他家庭	3.4	29

*1 单亲与不满 20 岁子女的家庭。
*2 老年人家庭的样本数仅为 15 个，无法做出有统计学意义的推算。
$p<0.001$
出处：笔者根据《国民生活基础调查》(2004) 推算

这里看到的母子家庭中的儿童比例是 4%，与其他发达国家相比要低很多 [比如，美国母子家庭中的儿童比例是 15%（1994 年），英国是 19%（1995 年），德国是 9%（1994 年）]，但如考虑到日本有些母子家庭除母亲以外还有其他成年人这一情况，比例会略有增加。表 2-2 中母子家庭的定义是，仅由不满 65 岁的母亲和不满 20 岁的孩子构成的家庭，如孩子在 20 岁以上则不包括在内（这种情况分类为"其他家庭"）。此外，离婚后母亲带着孩子回娘家的情况分类为"三代同堂家庭"。单身母亲为规避经济上的窘境往往会选择与父母同住，把这种情况包括在内，属于母子家庭儿童的比例会是上述数值的 1.5 倍左右。

我们来看看这些不同类型家庭的贫困率,母子家庭的贫困率明显高出许多(66%)。三代同堂家庭及父母与子女构成的核心家庭的贫困率较低(11%),这两个家庭类型与母子家庭之间有很大的差距。用经合组织等其他数据推算出的母子家庭的贫困率,也在60%—70%之间变化,在与父母三代人同住的母子家庭,贫困率也较高,在30%以上(阿部,2005)。

虽然有很多人认为女性经济状况的改善是导致离婚的一个因素,但是在母子家庭中成长的半数以上儿童处于贫困状况。第四章将介绍经合组织的数据,即使从国际上看,日本母子家庭的贫困率之高也很突出,在经合组织的24个成员国中,仅次于土耳其,位居第二。

另外要指出的是,虽然没有母子家庭那么突出,但父子家庭的贫困率高达19%,"其他家庭"也高达29%。

孩子越小越贫困吗?

下面,我们来看看不同年龄段儿童的贫困率。因为很多面向儿童的制度都有年龄限制,所以了解哪个年龄段的儿童处于贫困状态在制定政策当中也很重要。譬如,现在儿童补贴的对象年龄是到12岁（严谨地说，到满12周岁后的第一个3月末），但1991年到2000年的补贴对象年龄是3岁以下。作为儿童补贴对象限定在低年龄儿童的理由，政府列举了孩子不满3岁时母亲的就业率低，父母的年龄也低，所以收入也比较少。那么，从现在情况看，儿童年龄与贫困率有关系吗？

图2-4显示的是1998年、2001年、2004年每3岁分为一个年龄段儿童的贫困率（上年收入）。由此可见，1998年儿童年龄与贫困率的关联性下降。也就是说，随着年龄的增长，贫困率在下降。在2001年，虽然还能看到下降趋势，但与1998年相比变得不那么明显了。到2004年，下降趋势再次显著。

笔者在看到2001年的数据时，得出结论认为，在所有的年龄段都能看到儿童的贫困，并非只是低年龄段的贫困率明显突出。但现在必须要收回这个结论。为什么呢？因为2004年的数据表明，低年龄段，特别是0~2岁儿童的贫困率要高于其他年龄段儿童的贫困率。从2001年到2004年，全体儿童及几乎所有年龄段的贫困率都在下降，而只有0~2岁儿童的贫困率上升了2.5个百分点。其结果，0~2

图 2-4 儿童分年龄贫困率

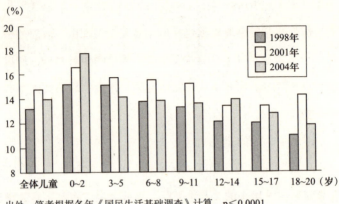

出处：笔者根据各年《国民生活基础调查》计算。p＜0.0001

岁儿童的贫困率接近 18%，约 5 人中就有 1 个儿童处于贫困状态。

但是，不能仅凭这一点，就做出"儿童补贴应该集中在 3 岁以下儿童"这一决定。因为若儿童年龄不同，育儿费用就会有很大的不同。2 岁的孩子所需的费用和 15 岁的孩子所需的费用，理所当然会大不相同。从育儿费用与儿童年龄变化相适应这一角度来看，需要一种略有不同的贫困率的定义。

图 2-4 儿童的贫困率，是用全社会的贫困线（参照图 2-1）计算得出的各年龄段儿童在贫困线以下的百分比。全

社会的贫困线,自然要考虑到83岁靠养老金生活的老人、34岁的上班族、2岁的儿童等,所有人的情况都要考虑到。也就是说,对社会的所有人要用相同的"贫困线"衡量。但是,从儿童的角度来看,比起单身生活的老人及包括不同年龄段儿童在内的比较对象,也许更为重要的是与自己同年龄的儿童进行比较。

那么,把儿童年龄按每3岁为一个年龄段,在确定各年龄段贫困线(各年龄段儿童家庭收入中位数的50%)的基础上,再计算其贫困率会怎么样呢?由图2-5可见,随着

图2-5 儿童分年龄贫困率:按各年龄段(每3岁为一个年龄段)贫困线计算

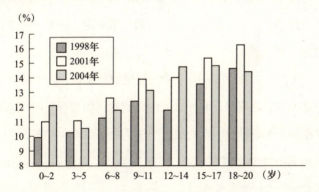

出处:笔者根据各年《国民生活基础调查》计算。$p < 0.0001$

年龄的增长,儿童的贫困率也在上升。2004年的数据显示,12～14岁、15～17岁的儿童贫困率最高。可以想到的一个原因是,儿童的年龄越大,其父母的年龄也越大,事实上,通常情况下收入差距随着年龄的增长而加大。也就是说,比起0～2岁儿童的父母,18～20岁儿童的父母的收入分布更不均衡,(相对)贫困的家庭也更多。从父母的角度来看,与年轻时相比,到40岁以上、50岁以上的年龄段"格差"更大,这在某种程度上也是没有办法的事情。但是,从孩子的角度来看,同年级同学之间也存在很大的"格差",而且,如果"贫困"家庭的孩子较多,那么,特别是处于青春期的儿童,就会变得多愁善感,同时,学费等支出也会增多,对于上初中、高中这样年龄的儿童来说,这是个严重的问题。

在图2-5中,还有一个令人担忧的问题是,0～2岁儿童的贫困率急剧增加。在图2-4中得到确认的情况,同样也可以在图2-5中看到。也就是,不仅从全社会的水平来看0～2岁儿童的贫困比例在增加,就是与其他年龄段的儿童相比,其贫困的比例也在增高。

年轻父母的增多与儿童贫困率的关系

如果说儿童的贫困与其年龄有关，恐怕也是间接关系。直接关系到儿童贫困的，终究是父母的收入，所以，儿童的贫困与父母的年龄有关。就是说，以下图式可以成立：儿童幼小＝父母年轻＝收入偏低。

那么，是不是儿童贫困率的上升也可以用父母的低龄化来解释呢？也许很多读者会觉得最近儿童的母亲和父亲都很年轻。在一个女孩16岁就成为母亲的电视剧的影响下，电视和大众传媒报道了很多"年轻父母"的故事。那么，日本的母亲、父亲是否真的低龄化了？这样的年轻母亲、父亲的增加，是否提高了儿童的贫困率？

先说结论，从整体上看，日本的母亲、父亲，反而都高龄化了（专业术语称之为"晚育"）。尤其是女性，这种趋势更为显著，从新生儿母亲的年龄构成比例来看，从1980年到2006年，20～24岁的减少了6.9%，在1980年占半数以上的25～29岁的下降到30.7%。取而代之的是，30～39岁的大幅增加，40岁以上的也有所增多。但是，在这一母亲晚育的潮流中，15～19岁女性的生育，1980年仅占全体母亲的1%以

表2-3 新生儿母亲的年龄、父亲的年龄（单位：%）

母亲	15～19岁	20～24岁	25～29岁	30～34岁	35～39岁	40～44岁	45～49岁
1980年	0.9	18.8	51.4	24.7	3.7	0.4	0.0
1985	1.2	17.3	47.7	26.6	6.5	0.6	0.0
1990	1.4	15.7	45.1	29.1	7.6	1.0	0.0
1995	1.4	16.3	41.5	31.3	8.4	1.1	0.0
2000	1.7	13.6	39.5	33.3	10.6	1.2	0.0
2001	1.8	13.4	38.4	34.2	10.9	1.3	0.0
2002	1.9	13.2	36.9	35.2	11.4	1.4	0.0
2003	1.7	12.6	35.2	36.4	12.4	1.6	0.0
2004	1.7	12.3	33.3	37.4	13.5	1.7	0.0
2005	1.6	12.1	31.9	38.1	14.4	1.9	0.1
2006	1.5	11.9	30.7	38.2	15.6	2.0	0.0

父亲	15～19岁	20～24岁	25～29岁	30～34岁	35～39岁	40～44岁	45～49岁
1980年	0.2	6.7	36	42.9	11.8	2.0	0.4
1985	0.3	7.4	30.9	39.7	18.2	2.9	0.5
1990	0.4	7.8	29.3	37	19.2	5.3	0.7
1995	0.5	9.5	29	35.4	18.4	5.6	1.3
2000	0.7	9.2	29.9	34.1	18.6	5.7	1.4
2001	0.7	9.2	29.8	34.5	18.1	5.7	1.4
2002	0.7	9.2	29	35.2	18.1	5.8	1.4
2003	0.6	8.7	27.9	35.9	18.8	6.1	1.4
2004	0.6	8.4	26.6	36.6	19.5	6.3	1.5
2005	0.5	8.1	25.5	37	20.1	6.6	1.6
2006	0.5	7.9	24.7	36.9	21.2	6.7	1.6

出处：厚生劳动省《人口动态统计》（各年）

下，2002年一度上升到近2%，此后又有所降低，2006年为1.5%。从目前情况看，不能说年轻的母亲增多了。

另一方面，父亲的年龄是高龄化和低龄化的趋势同时存在。曾经是主流的25～34岁的比例减少，超过35岁的较大年龄的父亲大幅度增加，与此同时，15～19岁、20～24岁的父亲也在慢慢增多。父亲的情况是，15～19岁以及20～24岁的比例，在1995年至2002年上升，此后减少，但与1980年相比，2006年，15～19岁的增加了0.3%，20～24岁的增加了1.2%（厚生劳动省各年《人口动态统计》）。是否可以认为这种微量的增加是"年轻父亲"还会继续增加的征兆，现在做出判断为时尚早。

下面，我们更加仔细地看看儿童贫困率与父亲年龄的关系。图2-6显示的是根据儿童的父亲不同的年龄段计算出的儿童贫困率。由图可见，贫困率明显呈U字形，20～29岁，尤其20～24岁年龄段的贫困率最高，40～54岁的最低，年龄超过55岁后又略有上升。就是说，有年轻父亲（特别是20～29岁的父亲）和年长父亲的儿童陷入贫困的风险更高。而且，2004年与1998年、2001年相比，U字形更为显著，有中年父亲的儿童的贫困率在1998年到2004年之间几乎没有变化,而有年轻父亲和年长父亲儿童的贫困率上升。就是说,由于父亲的年龄,儿童贫困率的差距变得更大——从父亲年龄在20~24岁的儿童来看,贫困率从35.8%(1998年)上升到48%(2004年)。

图 2-6　从父亲年龄段看儿童贫困率

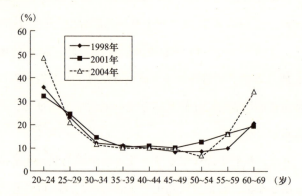

出处:笔者根据《国民生活基础调查》计算。p<0.0001

进入20世纪90年代,有子女男性的年龄出现两极化。总体而言,在晚育趋势明显的情况下,在20~24岁或不到20岁就成为父亲的人,虽然属于少数,但一直存在,甚至可以看到微弱增加的趋势。同时,这个年龄段男性的经济状况也在恶化,结果就是,有年轻父亲的儿童的贫困率也上升了。

近年来,自由职业者和临时工等非正式员工急剧增加,尤其是年轻人的就业状况恶化。虽然有观点认为,男性非正式员工与正式员工相比较,结婚率大幅降低,但有的年轻父亲尽管收入不好也想要孩子,这也是理所当然的。图 2-6 的数据清楚地说明了这些儿童所面临的经济状况的恶化。

问题是,这些年轻的父母今后能否改善经济状况。如果在以前,即使年轻的时候养育儿女或多或少在经济上有些困难,但是随着孩子的成长,父母的年龄效应也会逐渐显现,工资也会增多,可以应付教育费等育儿费用的增加。但是,在 2004 年时有婴幼儿的贫困父母们,今后能从非正式员工的状态中解放出来吗?能期望收入上升吗?这组数据让人非常担心 10 年后的情况。

"穷人孩子多"是真的吗?

有一种说法叫作"穷人孩子多"。的确,过去即使经济上不富裕的家庭,有四五个孩子也很正常。关于儿童的贫困,也有人说"是经济上本来就不宽裕、还要有好几个孩子的家庭的错"。这种意见的理由是:生了 3 个孩子生活才困难,如果只生一个,也许就不会陷入贫困……但是,孩子越多的家庭越容易陷入贫困状况这种假设，是真正能够得到验证的事实吗？莫不如提出相反的假设：在儿童的抚养费用和教育费用越来越高的今天，也许只有经济条件宽裕的家庭才能做出要第二个、第三个、第四个孩子的决断。

图2-7是根据家庭的子女人数来看儿童的贫困率。由图可见，孩子人数为1人到3人之间时，贫困率没有很大的差别，但是孩子人数达到4人以上，贫困率就会上升。尤其是孩子人数在5人以上的家庭，贫困率达到了50%。也就是说，"穷人孩子多"这种说法在某种程度上也符合现在的情况。

图2-7 从不同子女人数看儿童贫困率

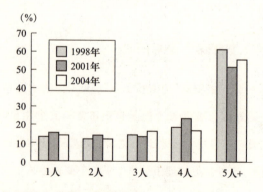

出处：笔者根据各年《国民生活基础调查》计算。$p<0.0001$

但是，不应忘记的是，过去有5个以上孩子的家庭并不稀奇，而现在有5个以上孩子的家庭非常之少。在有孩子（这里指18岁以下的未婚者）的家庭当中，1个和2个孩子的家庭都约占43%，两者相加就占到86%。有3个孩子的家庭为12%，4个孩子以上的家庭在2%以下（《国民生活基础调查》，2005年）。5个孩子以上的家庭就更少了，是"特殊"家庭。除去这些少数的多子女家庭，在有1个孩子到4个孩子的家庭中，看不到因孩子人数不同而带来的经济状况差别。

父母的就业状况是问题吗？

最后，从父母的不同就业情况来看看儿童的贫困率。前面在论述父母的年龄段与儿童贫困率的关系时谈到，父亲年龄在20~29岁的情况下儿童的贫困率较高，其主要原因是年轻人的非正式就业。因此，在这里我们来确认一下，父母的就业状况是否真的关系到儿童的贫困率。图2-8是根据收入最高家庭成员的就业状况计算出的儿童贫困率。根据就业公司的规模和地位，这里把全日制雇用分为两种。由图可见，在大企业工作的正式员工和公司管理人员的贫困率为6%；

与此相比，自营业者与合同工（不满一年）、临时工等均为29%，两者之间有3倍以上的差距。即便是正式就业者，中小企业（员工人数在30人以下）的为19%，接近自营业者、合同工的数值。换句话说，只要父母是中等规模以上企业的正式员工，儿童的贫困率就不高。

图 2-8　从父母就业状况看儿童贫困率

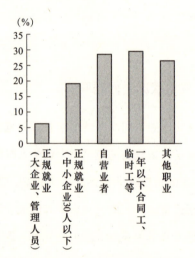

注：收入最多家庭成员的就业状况，不包括无职业成员。
出处：笔者根据《国民生活基础调查》（2004）推算

在这里请看一个国际比较。图2-9是经合组织进行的调查，是根据家庭中就业人数显示的双亲家庭儿童的贫困率。图中不包括无人就业的家庭。一人就业家庭的贫困率，根据国家的不同差异很大，从美国的30.5%到挪威的2.8%。日本为12.3%，略低于经合组织平均值。从两人就业家庭（双职工家庭）看，北欧各国比一人就业家庭的贫困率更低，挪威0.1%，丹麦0.7%，都在1%以下。无论哪个国家，两人就业家庭的贫困率都大幅低于一人就业家庭贫困率，从经合组织的24个成员国平均值来看，从13.7%大幅减少到4.3%。

但是，在日本，即使是双职工家庭，贫困率也有10.6%，仅减少了1.7%。这是怎么回事呢？在日本的家庭中，第二个获得劳动收入的人，大多数情况下是母亲，她们的收入对降低贫困率几乎没有发挥作用。在欧美，夫妻两人都工作这一双职工手段对解决儿童贫困最为有效，这是常识，政府也将此作为应对儿童贫困的政策，积极推动女性就业。但是，从日本的现状看，不能说这种手段有效地发挥了作用。

图 2-9 儿童的贫困率：双亲家庭，分不同就业人数（2000年）

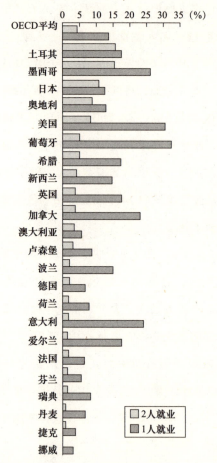

出处：经合组织编《用图表看世界的社会问题》（2006）

第四节　日本儿童贫困的现状

前面解释了相对贫困，介绍了用这一概念对儿童相对贫困率的推算。结果表明，从国际上看，日本儿童的贫困率绝不是低水平，尤其是母子家庭中的儿童、从0～2岁的婴幼儿、父亲还年轻的儿童、多子女家庭中的儿童的贫困率都很高。令人担忧的是，这些家庭的贫困率在日本正以最快的速度上升。

为了那些还不能理解相对贫困这一概念的读者，这里再确认一下：在第一章看到的许多"贫困不利因素"都是通过相对贫困的概念观察到的。如果对儿童贫困率的上升，采取"有差距也没办法"的态度而置之不理，那么，背负"贫困不利因素"儿童的比例将超过现在的15%，完全有可能接近被称为"贫困大国"的美国的数值。

特别令人担忧的是0～2岁婴幼儿贫困率的增长。根据2004年的数据，这个年龄段的贫困率约为18%。婴幼儿贫困的恶化，比年龄更大些的儿童贫困的恶化更让人担忧。这是因为，根据第一章介绍的美国等国家的儿童贫困研究，从

0岁到2岁之间的贫困,对儿童的健康和智商(IQ)等方面的成长影响最大,同时,从儿童长大成人后的学力看,这一时期的贫困比其他儿童时期的贫困影响更大(Duncan, G. & Brooks-Gunn. J, 1997)。

那么,日本政府对儿童贫困采取了怎样的政策呢?我们在第三章中将探索这一问题的答案。

第三章

为了谁的政策——检视政府的对策

第一节　从国际视角看日本政策的现状

如前所述，日本儿童所处的经济状况绝不容乐观。关于儿童的贫困，政府做了些什么呢？为了回答这个问题，本章将结合国际比较来看日本有关政策的现状。

都说"与儿童有关的政策"，其实它并不简单。有关儿童的一系列政策，首先可以列举"少子化对策""培育下一代计划"等所谓"家庭政策"领域的政策。大众传媒经常报道说，日本与家庭相关的社会支出比其他国家要少，但只讨论这一领域的支出多少的做法有些粗暴。儿童的状况，不仅受有关儿童津贴和保育所等家庭政策所代表的政策措施影响，还在很大程度上受雇佣政策、公共医疗制度和公共扶助等社会保障、教育政策这些家庭政策以外政策的影响。

就本书儿童的贫困这一话题而言，日本的家庭政策大多并不以减少儿童的贫困为目的。其原因是，日本在相当长的时间里，保持着低于欧美各国的失业率，加之"国民总中流"等宣传口号深入人心，贫困问题本身从未成为政策课题，更何况儿童的贫困。在长年把儿童贫困作为重要政策课题进行讨论的欧美各国,家庭政策当中包含着儿童贫困的视角,与之相比,可以说日本的家庭政策没有这种视角。

另一方面,日本由于儿童数量减少,老年人比例增加,"少子老龄化"迅速发展,因而形成了"家庭政策"="少子化对策"的模式,支持工作和育儿两不误的制度,减轻育儿精神压力的制度得到完善。这种趋势直至现在也基本没有变化。其结果是,在目前的日本,应对儿童的贫困,不是依靠家庭政策,而是依靠救济生活极度困难人群的最低生活保障制度、直接改善家长经济状况的雇佣政策、涵盖儿童医疗的公共医疗保险政策和自治体的医疗费补助政策等政策。

我们要记住上述内容,在此检视一下政策对儿童贫困的影响。

与家庭相关的社会支出

首先来看看家庭政策支出总额的规模。根据国立社会保障与人口问题研究所的资料,日本的"家庭相关社会支出"占 GDP 的 0.75%,与瑞典的 3.54%、法国的 3.02%、英国的 2.93% 相比要少很多。顺便说一下,这里列为"家庭相关社会支出"的是儿童补贴、儿童抚养补贴、特别儿童抚养补贴（对残疾儿童每月发放5万日元左右补贴的制度）、健康保险等发放的一次性生育补贴、雇佣保险发放的育儿休假补贴、保育所等学龄前保育制度、儿童福利设施等儿童福利服务（从2000年开始保育所作为地方自治体的一般财源不包含在内）。

第七章还将详述美国、英国等诸多国家的一些政策，它们不是作为社会支出，而是作为税制的一部分，采用了带补贴的优惠税制措施，但这些并不在图3-1统计之内。在图3-1中，美国是唯一比日本比率还低的国家，但如果加上税制中的给付，美国投入家庭政策的公共费用比率比日本高。

也有人对用这个图进行单纯比较的做法提出了异议。他们认为，儿童占人口的比例因国家而异，老龄化率最高的日本，有关儿童方面的支出少也理所当然。这种说法有一定道理，但从14岁以下儿童占人口的比例看，日本为13.6%（2006年），美国为20.7%（2004年），英国18.2%（2004年），德国14.6%（2003年），法国18.6%（2004年），瑞典17.7%（2004年），这种不大的差异不足以说明社会支出的差距。瑞典与日本相比较，瑞典儿童的人口占比仅是日本的1.3倍，但家庭相关支出却是日本的4.7倍。这种差距体现在现金给付（儿童补贴、儿童抚养补贴等支付现金的项目）、实物给付（保育所、儿童福利服务等提供服务和物品的项目）方面，不是在特定的某一方面，而是在所有相关家庭项目上的支出都多于日本。

图 3-1 各国相关家庭支出占 GDP 比重

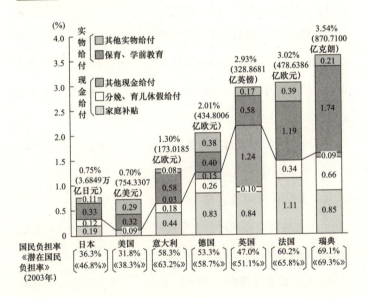

原数据：OECD: Social Expenditure Database 2007 [日本 GDP 数据根据经济社会综合研究所《国民经济计算（长期系列）》]
出处：内阁府《少子化社会白皮书平成 20 年版》（2008）

教育支出水平也是最低

其次,看一看教育支出的国际比较(见图3-2)。日本对教育的公共支出占GDP的3.1%,也比其他发达国家少。瑞典和芬兰等北欧各国将GDP的5%—7%投入教育,连美国的教育支出也占GDP的4.5%。从教育的不同部门来看,日本在初等、中等教育中的投入最低,为2.6%,在高等教育中投入为0.5%,也是最低水平。与家庭相关支出相同,考虑到儿童比例因素,重新进行计算,这个差距会缩小一些,但即便如此,日本与其他发达国家相比,教育支出占GDP的比重还是很少。

另外,从公共教育支出的内容来看,日本也有自身的特征。原本对高等教育的公共支出就很少,但几乎所有支出(82%)都是直接对教育机构的支出,给予学生的补助只有18%。奖学金等直接减轻学生及其家庭经济负担的现金补助仅占GDP的0.12%,与瑞典(0.23%)、芬兰(0.36%)等北欧各国相比要少很多(鸟山,2008)。而且,日本对学生资金补助的大部分都是贷款(学生贷款),也就是说,虽然国家会代还利息或降低利息,但大部分资金学生毕业后要返还。大多数欧美国家，不仅从保育所到大学等高等教育基本都免除学费，而且对学生在校期间的生活费和课本费等也通过奖学金和贷款来给予补贴。与此相比，虽然日本基本上所有的儿童都要升入高中，但免费的义务教育仅到初中为止，高中以后的教育则是儿童及其家庭的个人选择，需要自己负担全部的费用。

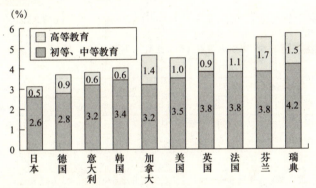

图 3-2　国家相关教育支出（占 GDP 比重）

出处：OECD（2008）Education at A Glance 2008

文部科学省虽然制定了今后 10 年内将教育支出额度提高到 5.0% 这一经合组织 24 个成员国平均水平的方针，但握着钱袋子的财务省以财政赤字为由，对提高目前的教育投资水平持消极态度（《读卖新闻》2008 年 5 月 1 日）。

第二节 儿童对策的菜单

政府的援助育儿政策

日本政府也并不是对儿童问题漠不关心。虽然和其他发达国家相比日本的投入较少,但实际上,2007年度,也在"少子化对策"方面投入了4.33万亿日元(占GDP0.83%)。

表3-1 主要"相关儿童教育社会支出"(总额4.3300万亿日元,2007年度预算)

Ⅰ.父母就业与抚养儿童两立援助(约1.3100万亿日元)
育儿休假补贴　　1210亿日元(国家1/8,其余部分劳资折半)
保育所　　　　　9900亿日元(私立国家1/2,市、县各1/4;公立市10/10)
课后儿童俱乐部　400亿日元(运营方、市、县各1/3)
其他
Ⅱ.援助所有儿童健康成长的对个人的给付和服务(约2.5700万亿日元)
儿童补贴　　　　1.0500万亿日元
儿童抚养补贴　　1558亿日元
其他
Ⅲ.所有儿童健康成长的基础——社区对策(约4500亿日元)
社会养护体制(养父母制度、儿童福利设施等)　　776亿日元
社区育儿援助基地　250亿日元
课后儿童教室　　　100亿日元
其他

这些钱到底是怎么用的呢？按国家预算额度由多到少的顺序，来看看"少子化对策"的主要项目，儿童补贴（1.05万亿日元）、保育所（0.99万亿日元）是压倒性的大头儿，接下来是儿童抚养补贴（1558亿日元）、育儿休假补贴1210亿日元、社会养护体制（养父母制度、儿童福利设施等，776亿日元）。此外，还有些其他政策项目，如免除公共养老金保费、分娩时支付的35万日元（2009年以后为38万日元）、分娩育儿一次性补助金、完善各地区促进育儿家庭亲子交流的基地、临时保育和延时保育制度等。

这里对以下几种制度做一简单介绍。包括预算规模较大、对象人数较多的儿童补贴和保育所；对于贫困状态的儿童尤为重要的儿童抚养补贴；还有虽然不在儿童相关补贴之内，却是防止儿童乃至所有国民贫困最后安全网的生活保障制度。

"微薄而宽泛"的儿童补贴

在日本，儿童补贴是对有子女家庭具有代表性的补贴制度。儿童补贴制度建立于1972年，经过多次改革演变为目前的制度。制度建立之初的儿童补贴对象限定在三孩以后18周岁以下的儿童，收入限制也设得较低，目的是救济相对少数的多子女贫困家庭。据说当时的宣传口号是"(制度)生时虽小，要养得很大"(岛崎，2005)。可是此后，儿童补贴制度在很长时间里并没有"长大"。

补贴额度当时每月3000日元，占当时抚养子女费用的约二分之一，三年后的1975年提高到每月5000日元。但此后虽然抚养费飞速增加，但在约30年的时间里，儿童补贴却一直没变。对不满3岁的儿童，2007年提高到1万日元，但对3岁以上的一孩和二孩，现在仍然是5000日元。对3岁以后的三孩及以上子女也提高到了10000日元，但日本家庭的平均子女数为1.7人，所以大部分都在5000日元范围内。有推算表明，现在仅义务教育年龄段的子女每年所需的抚养费用就达到200万日元(子ども未来财团，2006)，每月5000日元的补贴只占子女抚养费用的极少一部分。

另外，1988年儿童补贴的对象从三孩以后扩大到二孩，1994年又进一步扩大到一孩以后，也就是满足家庭收入限制条件的所有儿童都成为可补贴对象，但补贴对象的年龄却从18周岁以下降低到3周岁以下。因此，在2000年之前，领取儿童补贴的人数和国家预算规模基本没有变化，与当初"要养得很大"的意愿相反，在很长时间之后，儿童补贴制度也没有"长大"。而且,在日本经济发展过程中,多子女家庭的贫困和儿童的贫困被遗忘,结果,儿童补贴的预算规模和领取人数都没有增加,从内容看,儿童补贴成了"微薄而宽泛"补贴。

进入21世纪后,儿童数量减少(少子化)突然成为紧要的政治课题,儿童补贴的重要性受到重视,这种"微薄而宽泛"的趋势愈加显著。补贴对象年龄逐步提高到6周岁以下(2000年)、9周岁以下(2004年)、12周岁以下(2006年),同时,还提高了家庭收入限制。结果,有12周岁以下子女家庭的约90%都可以享受儿童补贴。因此,领取儿童补贴的人数激增,1999年为221万人,2006年达到960万人。领取补贴的人数如此增加,预算规模也不得不扩大,"相关家庭社会支出"额度增多。这样一来,儿童补贴的"扩充"作为"少子化对策"受到来自日本国内外的高度评价。

但是,不要忘了,2000年以后儿童补贴的扩充,并没有提高人均补贴额度。每人每月5000日元的额度,从与法国的每月1.8万日元(二孩)、英国的每月1.7万日元(一孩)的比较来看,不得不说逊色很多(表3-2)。另外,大多数发达国家,除了普遍的儿童补贴以外,还设立了以有子女贫困家庭为对象的税收抵免制度，补贴和税收抵免相加，国家要支付相当的额度。日本的儿童补贴几乎在所有情况下一年都不过6万日元，儿童补贴和税制给降低儿童贫困率带来的影响很小（阿部，2005）。另外，从"少子化对策"这一角度看，儿童补贴的效果也令人怀疑。因一年能拿到6万日元而想再生一个孩子的父母又有多少呢？结果，2000年以后儿童补贴的扩充，也不过是"在为应对少子化做着什么"的一种姿态。

表3-2 各发达国家的儿童补贴

	儿童补贴		税制
	对象儿童	支付额（年）	
日本	到12岁 从一孩开始	3岁前12万日元 3岁～二孩6万日元 三孩后12万日元	抚养扣除38万日元， 可扣除0—14万日元 （根据税率而定）
	*有收入限制		*没有收入限制
美国	无		儿童税额扣除（最多） 11.7万日元 劳动收入税额扣除（最多） 55.2万日元（2人），33.4 万日元（1人）
			*有收入限制
英国	16岁以下 从一孩开始	一孩20.4万日元， 二孩以后14.4万日元	儿童税额扣除（最多） 12万日元（每户）+40.6 万日元（平均一个儿童）
	*没有收入限制		*有收入限制

续表

	儿童补贴		税制
	对象儿童	支付额（年）	
德国	18岁以下 从一孩开始	截至三孩27.6万日元，四孩以后32.4万日元	抚养扣除86.5万日元
	*没有收入限制		
法国	20岁以下 从二孩开始	二孩21.6万日元，三孩以后27.6万日元（11～15岁增加6万日元，16岁以上10.8万日元）	根据n分n乘方式，子女越多的家庭，税负减轻越多
	*没有收入限制		
瑞典	16岁以下 从一孩开始	平均一个孩子20.4万日元 多子增加2.4万—45.6万日元	无
	*没有收入限制		

出处：国立社会保障与人口问题研究所《社会保障统计年报》(2007)

收缩的儿童抚养补贴

作为"少子化对策"之一的儿童抚养补贴与"微薄而宽泛"的儿童补贴形成了鲜明对比。儿童抚养补贴是发放给没有与父亲一起生活的18周岁以下儿童的补贴，是日本针对母子家庭政策的核心制度。截至2008年，有99.9万户家庭领取儿童抚养补贴，约占母子家庭总数的70%（《母子家庭白皮书》，2007年）。虽然母子家庭的数量从20世纪60年代开始增加，但1990年后增长速度进一步加快，领取儿童抚养补贴的人数从1999年的66万人激增到现在的近100万人，10年间增长到了约1.5倍。

正如第二章所述（表2-2），日本母子家庭儿童的贫困率无论与双亲家庭的儿童相比，还是与其他国家母子家庭中的孩子相比，都高出许多。同时，日本母子家庭的特点在于，有80%—90%的母亲是边工作边养育子女（阿部，2005）。日本母子家庭中的儿童几乎都生活在"穷忙族"（working poor）家庭。

然而，在各种"少子化对策"得到扩充的情况下，针对母子家庭的政策反而呈现出收缩的趋势。日本政府担心领取儿童抚养补贴的人数不断增加，在2002年对母子家庭政策进行了大幅度改革。改革决定，能领全额补贴的收入限制，从年收入205万日元降低到130万日元，同时，领取补贴达5年的家庭，无论收入是否超过限制额度，领取的补贴额度要减少，降幅最多可达50%。限定领取补贴年限的规定，由于当事人团体的坚决反对，暂时没有实行，但说不准什么时候又会被提上议程。另一方面，政府强调"支持就业政策"，本来母子家庭是最需要边工作边养育子女这种"两立援助"的家庭，但日本政府的政策还是一味地强调工作。第四章将对这些问题进一步详细论述。

保育所

保育所是临时照看那些因家长工作或疾病等原因处于"缺乏保育"状态的学龄前儿童的制度机构，包括市、町、村设立的公立保育所和通过批准设立的民间保育所。从教育和发育的角度与儿童上小学之前就读的幼儿园相比较，保育所在以下几个方面与其不同：由市、町、村选定可以进保育所的儿童，并决定保育所的费用（也就是由市、町、村来判断哪个儿童处于更为缺乏保育的状态）；可以收0岁、1岁以上的婴儿；照看儿童的时间较长；等等。截至2007年，日本约有23000所保育所，200万儿童入托。保育所优先让母子家庭等家长必须工作的家庭的儿童入托，这对于贫困家庭来说不可或缺。实际上，从保育所入托儿童的家庭平均年收入看，虽然大多数父母是双职工，但与幼儿园入园儿童家庭的年收入相比，低约50万日元。尤其是父亲的收入有较大差距，幼儿园儿童的父亲与民间保育所入托儿童的父亲之间，平均有200万日元的年收入差距。当然，这里说的只是平均值，民间保育所入托儿童的家庭收入实际上是两极分化的，这种情况在低龄儿童家庭中尤为明显（大石，2005）。

日本政府一直致力于扩大和完善作为"少子化对策"中"支持工作和育儿两立"措施之一的保育所。1994年的"天使计划"，旨在扩充保育所的数量和完善多种多样的保育服务（延长保育时间等），1999年"新天使计划"则采取政策措施以减少等待入托儿童（等待保育所定额空缺的儿童）数量。

2000年，作为三位一体改革的一部分，一直以来由国家补助金支付的公立保育所的费用，改由地方自治体的一般财源来支付。因此，地方自治体的保育费用一下增加了许多，结果，很多地方自治体为削减保育费用而推动保育所的民营化。公立保育所的保育员也是地方公务员，所以人事费用很高，服务内容僵化，推动民营保育所，旨在提高保育费用的"使用效率"，谋求服务的多样化。但另一方面，也有人担忧，是否有完善的机制来保证民营保育所的质量。

对教育的支持

为了减轻家庭的教育费用，日本有几种直接向儿童本人或向其家庭提供援助的制度，其中规模较大的有两项，一是独立行政法人日本学生支援机构提供的奖学金，二是地方自治体、社会福利协议会开展的"母子寡妇福利资金贷款制度"和"生活福利资金贷款制度"。两项制度有些不同，前者由文部科学省管辖，后者由厚生劳动省管辖，前者有时要看学习成绩是否达标，后者以低收入家庭和残障、失业家庭等生活困难家庭为对象。奖学金无息或低息，贷款没有利息，义务教育以后若继续学业可以领取。目前，约有35.8万名学生领取奖学金（2006年度新增），4.3万人使用了贷款制度（《JASSO年报》，2006年度；《社会保障统计年报》，2007年度）。此外，还可以使用国民生活金融公库等公共机构的低息贷款。

另外，在小学和初中义务教育阶段，还有地方自治体的就学援助制度。根据国家相关法律规定，这一制度的目的在于"向由于经济原因而难以就学的儿童提供学习用品"。所有自治体，大致都以生活保障标准的1.1倍作为这一制度的收入上限，向没有达到收入上限的家庭的儿童提供供餐费和修学旅行费等费用。

全国平均有12.8%的儿童接受就学援助（2004年文部科学省调查）。12.8%这一数字虽然被大众媒体作为轰动性新闻进行了报道，但从儿童的相对贫困率14%这一事实来看，这个数字并不奇怪。倒不如说，这么多的儿童能用到就学援助是应该欢迎的事情。如后所述，从领取作为儿童生活最后安全网的最低生活保障的比率只有1%左右的事实来看，可以说，就学援助制度较好地覆盖了贫困儿童。

问题在于，制度所涵盖的费用是否足以让儿童过上自由自在的学校生活。关于这一点请参照第五章。

生活保障制度

生活保障制度是为保障所有国民过上宪法第25条所规定的"健康文化生活"的制度。是否有资格领取生活保障，只根据家庭的贫困程度来判断，不会因家庭类型和是否有残障以及导致贫困的原因而区别对待，是极为宽容的安全网。贫困的程度根据家庭收入是否低于政府规定的最低生活标准来决定，如果低于最低生活标准，就可以领取差额部分。

图 3-3 儿童最低生活保障率

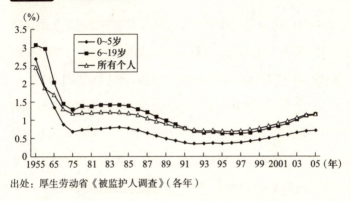

出处：厚生劳动省《被监护人调查》（各年）

当然，有子女的家庭也是生活保障制度的对象。但是，生活保障制度的执行标准非常严格，如果不是积蓄和财产不足一个月生活费的一半，不是没有可依靠的父母和亲戚，不是没有劳动能力，几乎都不能成为保障对象。尤其是最后"劳动能力"一条，对于有子女的工作家庭来说非常苛刻。因为日本失业率长期以来处于较低水平，大家都认为只要"想去工作"，就能得到最低生活保障标准以上的收入。一般情况下，成为保障对象的是 65 岁以上的老年人，但如果不能从医疗机构拿到"无能力工作"的诊断书，就不能成为保障对象。就母子家庭而言，虽然因子女年幼或子女有残障等情况，就应该可以领取生活保障，但实际上即使处于失业状态，很难领到。

因此,儿童的保障率(在所有儿童中享受最低生活保障儿童的比例)非常低,只有约1%。2005年,0~5岁儿童的保障率为0.7%,6~19岁儿童的保障率为1.1%(图3-3)。由图可见,20世纪90年代后半期以来,虽然儿童保障率有所上升,但与估算的贫困率(约15%)相比,保障率还不到其十分之一。仅从母子家庭来看,家庭保障率(母子家庭中享受生活保障家庭的比例)估计为7%(包括与父母同住的母子家庭)。也就是说,就儿童贫困而言,生活保障制度的作用有限。从制度上讲,它应该保障家庭收入达到最低生活标准的水平,但实际只有极少一部分家庭能从这一制度中受惠。

第三节 儿童贫困率的逆转现象

社会保障"负担"的分配

在此之前,我们讨论的都是社会保障制度"给付"(也被称为"收入转移")方面的问题。经过这些讨论,我们已经了解到,日本的儿童补贴、儿童抚养补贴等与儿童有关的支出几乎没有得到扩充,与其他发达国家相比也处于很低的水平。下面,我们来探讨一下社会保障制度的另一方面——"负担"的问题。

在社会保障给付较少的情况下,直接对有子女家庭产生冲击的就是税金和社会保险的保费。近年来,日本政府以社会保障的财政状况恶化为由,一再增加国民在社会保障制度上的负担。现在,已经到了从根本上重新评估这种负担方式的时候了。

日本社会保障制度的一个特征,就是财源的一部分由社会保险承担,另一部分由国家财政承担,两部分混杂在一起。社会保险的资金来源于社会保险保费,国家财政来源于税金,两者都是从国民那里征收来的钱。公共养老金等在制度上是社会保险,但实际上其中也有很大一部分由国家财政转入,很难区分哪部分属于社会保险,哪部分属于国家财政。

但是,对于在国民中间如何分割社保负担这一问题,社会保险和税收方式有完全不同的制度设计。社会保险保费中,厚生年金和职场的医疗保险保费是定率负担(无论收入多少都按相同工资比例缴纳保费),但有最高薪酬基准额度(征收保费的最高收入额)的规定。虽然有免除低收入人员保费的制度,但国民养老金保费是定额负担(无论收入多少都缴纳相同金额），国民健康保险的保费由定额部分（按人缴纳、按户缴纳）和定率部分（按收入缴纳）构成。从整体来看，社会保险的保费呈平缓的累退性结构（阿部，2000）。所谓"累退性"，是指对于收入的负担比例，收入越低的人负担越高。相比之下，税金基本上是"累进性"（收入越多缴纳的税金比例越高）的。关于公共养老金是实行社会保险方式还是实行税收方式，已经讨论很久了，我们不可忘记，社会保险和税收在"负担方式"上的基本机制是完全不同的。

国家是由国民出钱来支撑的，所以，我们必须认识到，为了国家能进行充分的供给，国民也要有相应的付出。不拿出应当付出的东西，无论怎么喊"要更多的养老金""要更充分的医疗保障""要更高的儿童补贴"，国家也是巧妇难为无米之炊。阿拉伯各国、文莱等政府拥有油田的国家，即使国民不缴纳任何费用，也能够拥有富裕的社会制度，但在日本是不可能的。在日本，无论是采用社会保险费的方式还是税金的方式，都是由国民或企业来负担的。

20世纪70年代以后，"国民总中流"一说深入人心，大家都认为日本与贫困及贫富分化无关。从那时到现在，在日本，关于"应有的负担方式"一直没有进行充分的讨论。譬如,"国民负担率"常常被作为表示国民负担的指标来使用,但它表示的是税收和社会保险费总计在国民收入中所占的比例。也就是说,它是日本整个社会的平均值。

但是,现在收入差距扩大,已经表明国民不再是"总中流",仅靠这样的指标来讨论应有的社会政策是很不够的。更何况,现在的日本,像社会保险那样具有累退性质的制度,占据着社会政策的核心,在这种情况下,需要用一种考虑不同经济状况和不同家庭状况的视角,来决定贫困家庭应负担多少,经济上宽裕的家庭又应负担多少。但是,在日本,由于一直否认贫困的存在,所以几乎没有进行过贫困家庭负担多少、领取多少这种详尽的探讨。另外,在讨论社会保障时,经常使用的"典型家庭"(常指工薪家庭,即工作的丈夫、专职主妇、两个孩子)这一概念,在讨论贫困家庭时也没有意义。因为大多数贫困家庭并不是这样的"典型家庭"。

在讨论"负担"问题时,需要把全体国民的负担水平应该是多少和应该如何分配这些负担分开来考虑。

儿童贫困率的逆转现象

在社会保障的讨论中,如果缺少"贫困家庭"的视角,那么深受其害的应该是有子女的贫困家庭。为什么这么说？因为有子女的家庭中的成人大多是正在工作的一代人，是社会保险费和税收负担最重的人群。通过下面的国际比较，这种情况便一目了然了。

图3-4显示的是，通过"市场收入"（通过工作、金融资产所得到的收入）和"可支配收入"（从收入中扣除税金和社会保险费，加上儿童补贴、养老金等社会保障给付）观察到的发达国家儿童的贫困率。由于税收制度和社会保障制度被称为政府的"收入再分配"，所以再分配前的贫困率和再分配后贫困率之间的差距，就是政府"消减贫困"的效果。

由图可见，在18个国家中，日本是唯一再分配后的贫困率高于再分配前的贫困率的国家。也就是说，因社会保障制度和税收制度，日本儿童的贫困率更高了！

再分配前的收入与再分配后的收入之差，就是从领到的各种给付中减去各种负担后的社会保障给付。如果家庭缴纳的负担比领取的给付更大，那么社保给付就是负数，这个家庭的收入也会下降。如前所述，有子女的几乎都是正在工作的人，还没有开始领取社会保障支付最大项目的养老金，所以从有子女家庭的平均情况来看，社保给付是负数。这种情

图 3-4 儿童的贫困率

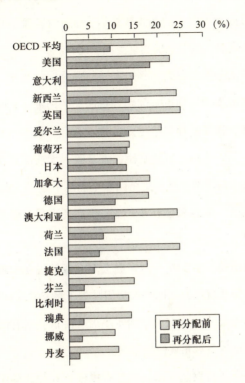

出处：OECD（2005）

况本身并不是问题。之所以这么说，一是因为，社会保障制度的机制就是工作时期缴纳保费，老龄期集中领取养老金和医疗保险，工作期间收入下降，也没有办法。二是因为，工作期间还可能享受一些难以换算成现金"给付"的服务，比如医疗服务和中小学的义务教育等，虽然这些都不是汇入银行账户的现金，但大家确实享受到了便利。

然而，即使考虑到这些因素，与再分配前相比，再分配后儿童贫困率的增加也是问题。贫困率的增加，表明有子女贫困家庭所领取的社保给付是负数。而且，原本并不贫困的家庭也会陷入贫困。所谓贫困，就是收入无法满足现在应有的最低限度的生活水平。这个问题不能简单地用"收入少了，会有些艰苦，但将来会有养老金，现在还享受着服务"这种说辞来解决。

如前所述，生长在贫困家庭会对儿童的现在和将来都产生影响。即使现在家庭的社保负担是为了将来领取社保给付，但如果负担过重，现在的生活水平就会降低到应有的最低限度以下，这也会对儿童产生影响。

几乎在所有发达国家，虽然有税收方式和社会保险方式的差异，但都有公共养老金和公共医疗制度。向在职职工筹集资金，发放给老年人这种机制在哪国都一样。然而，之所以只是在日本，儿童的贫困率恶化，是因为在其他国家为了不让有子女家庭的负担过重，在制度设计上或减轻负担，或对于负担过多的家庭给予更多的补贴。因此，其他国家都成功地大幅度降低了儿童的贫困率。

例如，让我们来看看因出生率上升而出名的法国。其再分配前的儿童贫困率接近25%，但再分配后减少到6%。一般都认为丹麦、挪威、瑞典等北欧国家很平等，儿童的教育水平也较高，不过，这些国家再分配前的儿童贫困率与日本没有多大区别，但是，再分配后的贫困率大大低于日本，仅为2%—4%，在发达国家中处于最低水平。前面提到，北欧各国在家庭方面和教育方面的公共支出非常多。就是说，国民享受着非常多的服务，虽然为支撑这些服务的"负担"很大，但贫困率并没有上升。在承诺2020年前消灭儿童贫困的英国，再分配前儿童的贫困率是25%，再分配后成功地降到了14%。就连以"贫困大国"而臭名远扬的美国，也减少了约5%的贫困率。

政府的做法不同，导致出现了如此之大的差距。很遗憾，图3-4表明日本政府对于儿童的贫困是多么不关心。

负担与给付的平衡

这里再通过国际比较来思考负担的应有方式。

表 3-3 劳动力人口收入五等份阶层分布

	法国	德国	日本	瑞典	英国	美国
收入比重						
低位 20（%）	9.1	8.4	6.7	9.8	7.7	6.2
中位 60（%）	54.2	55.4	55.7	56.2	52.9	53.0
高位 20（%）	36.7	36.1	37.5	34.1	39.4	40.8
直接税、社会保险费比重						
低位 20（%）	7.0	3.3	7.9	6.1	2.5	1.8
中位 60（%）	37.6	52.1	52.8	52.8	48.1	41.1
高位 20（%）	55.3	44.6	39.3	41.2	49.5	57.1

出处：府川（2006）

表 3-3 显示的是包括日本在内的 6 个国家社保负担的实际情况。对象是除老年人以外的在职人员。根据收入把人口分成 3 个组（最贫穷的 20%、中间的 60%、最富裕的 20%），看他们分别在全社会总收入和总负担（直接税收和社会保险费）中所占的比率。

由表可见，从收入的比例来看，日本的低收入组仅次于美国，为 6.7%，但是，负担的比例最高，为 7.9%。也就是说，虽然收入不多，但与其他国家比较却被迫承受更多的负担。相反，高收入组的收入处于中间位置，负担的比例最少。美国这个国家以收入差距大而闻名，高收入组占总收入的 40.8%，但他们的负担也有 57.1%。美国的低收入组占总收入比率最少，为6.2%，但负担只有1.8%。以平等主义闻名的瑞典，与其他国家相比，低收入组的收入最多，为9.8%，负担也不算太高。相反，高收入组的收入比例最低，为34.1%，负担比例也比较低。

换言之，日本的"低收入层"被迫承受着与收入不相称的负担，"高收入层"与所占收入份额相比，负担比率较少。这种收入和负担的分配差异，引发了贫困率"逆转"的现象。

第四节 消解"逆向功能"

本章从"给付"和"负担"两方面对影响儿童贫困率的政府"功能"做了概述。通过本章的讨论可以清楚地看到，仅以家庭相关支出的多少来谈论儿童政策是不够的。为了应对儿童的贫困，不仅对儿童本身，还要把儿童所在的家庭纳入视野进行讨论。同时，不仅仅是儿童补贴和保育所这些"儿童菜单"，还需要审视政府在税收、社会保障方面关于负担和给付的制度安排。

从这样的视角来看日本政府在儿童贫困方面的防贫功能

（防止贫困的功能），很清楚，这一功能不仅完全没有发挥出来，而且使贫困状况进一步恶化。也就是说，"功能"成了"逆向功能"（"逆向功能"一词因东京大学教授大泽真理用于描述日本社会保障制度而闻名）。日本政府首先应该要做的是消除这种"逆向功能"。

本书的最后一章，将在这里探讨的"负担"和"给付"现状的基础上，探讨今后儿童贫困的应对政策。提出的建议不是"少子化对策"，而是"儿童对策"。但是，在终章之前，还想分别探讨一下儿童贫困率奇高的母子家庭的现状（第四章）、教育（第五章）、儿童应该享受怎样的最低限度生活水平（第六章）等问题。

第四章

被逼迫的母子家庭中的儿童

第一节　母子家庭的经济状况

母子家庭的呼声

第二章已经指出，在日本，生长在母子家庭中的儿童的贫困率非常之高。2006年，笔者与岩手大学的藤原千沙准教授、神户学院大学的田宫游子准教授一起，在几个母子家庭当事人团体的帮助下，对约500名母子家庭的母亲进行了问卷调查。本章用这一调查的结果和政府的官方统计，对生长在母子家庭中儿童的状况进行描述。

谈论母子家庭的时候，有人用"因为自己愿意才离婚的吧""是自己选择的路吧""还没结婚就做了母亲，真不像话"等语言，来责备母亲的道德和母子家庭。笔者虽然无法赞成这些说法，但是本书并不打算就道德问题、母子家庭等家庭形态本身展开肯定或否定的讨论。同时，母子家庭的母亲自身也面临需要精神上、身体上的关怀，缺少应付晚年生活的积蓄等很多问题。但是，关于这些问题，本书也不想涉及。本书的观点将始终聚焦于生长在母子家庭中的儿童究竟处于怎样的状况这一点上。

本章将随处引用母亲们对上述问卷调查中"什么事情让你感到不安"这一问题时填写在自由记述栏中的话。这些话都是母亲们所写,希望读者能从字里行间读取到每个母亲所养育的孩子们的状况。

成为正式职员已是第二年了,但由于工作繁忙,在家里的时间少了,1个月有一半的时间连周末都要上班,和孩子们玩耍的时间和精力都没有。现在的工作可以有稳定的收入,经济上变得宽裕了,但劳动条件太艰苦,对今后能不能继续下去有些不安。实际上,因为身体不舒服,今年夏天在七八月间休息了约40天,刚恢复工作还不到1个月。希望能有精神从容地守护孩子们的成长……但现在自己的事情忙得不可开交,无法享受每天的生活,正在摸索如何改善现在这种状况。另外,孩子父亲给的抚养费情况也不是很好,必须要再三通过家庭法院去催促,这是一个很大的精神压力。【母亲38岁、一孩8岁、二孩6岁】(以下关于孩子的年龄,只记述20周岁以下的。原则上照原文抄录)

每 17 个儿童中就有一人成长在母子家庭

在母子家庭中成长的孩子，已不少见。根据厚生劳动省推算的日本母子家庭户数数据（"全国母子家庭等调查"，2003年度），2003年日本的母子家庭户数为122.5万户，与5年前的1998年相比约增加27万户，上升了28.3%。从儿童的数量来看，母子家庭的儿童比例从3.8%（1989年）上升到5.8%（2001年），每17个儿童中就有一人成长在母子家庭（阿部、大石，2005）。

一般说到"母子家庭"，容易给人一种有幼小子女的年轻母亲的印象，但这种认识并不正确。母子家庭的母亲平均年龄约为40岁，虽然近10年平均年龄下降了1岁左右，但并没有太大的变化。即便是成为母子家庭时母亲的年龄，也是31.8岁（厚生劳动省，2006年），在30岁以上。情况并不是大量母子家庭中的母亲是年轻母亲。有6岁以下子女的比率，从1989年到2001年的大约10年间，增加了10%左右，可以认为，这反映了整体女性的晚育趋势。

在母子家庭当中，有两种情况，一种是只有母亲和孩子一起生活（称之为"独立母子家庭"），另一种是与母亲的父母（从孩子角度看是外祖父母）一起居住（"同住母子家庭"）。日本母子家庭中约三分之一是"同住母子家庭"，近年来同住的比例在增加。与独立母子家庭相比，同住母子家庭的母亲较年轻、孩子幼小的比例较高，母亲就业率较低。与亲人同住有很多好处，不仅可以减轻房费和生活费的负担，母亲去工作的时候还有家人照看孩子。也就是说，与父母同住，特别是在刚成为母子家庭的初期，很难保证有住处和工

表 4-1 母子家庭的特征

（年）	1989	1992	1995	1998	2001
母子家庭比率（%）					
以户数计算	4.8	4.6	5.1	5.5	6.5
以儿童数计算	4.2	3.9	4.3	4.8	5.8
母子家庭中与母亲父母同住家庭比率（%）	25.4	27.6	28.4	30.1	31.4
母亲的年龄（岁）	40.6	40.9	40.2	39.7	39.4
独住母子家庭	41.4	41.9	41.1	40.7	40.3
同住母子家庭	38.5	38.4	38.0	37.6	37.3
有6岁以下子女（%）	21	20	24	29	32
独住母子家庭	18	17	21	25	28
同住母子家庭	30	28	33	36	39
母亲就业比率（%）					
独住母子家庭	90.2	89.5	88.3	86.5	86.3
同住母子家庭	87.0	86.1	81.7	83.9	83.1

原数据：根据《国民生活基础调查》（各年）笔者推算
出处：阿部、大石（2005）

作,在这个时候以及在孩子年幼时期与父母同住,是一种很重要的生存策略。

但并不是所有母子家庭都能够选择与母亲的父母同住。80%以上同住母子家庭居住在父母拥有的房子里,这一点就很清楚地说明,正因为有"回去的家",才能回去。

> 虽然和父母住在一起,有时父母会觉得烦,但现在的状况也无法独立生活。以前孩子身体不好,自己工作也很辛苦。虽然现在孩子身体好多了,我也有更多时间去工作,但工资没有增加多少,没有富余。我担心今后孩子的学费(教育费)。【母亲36岁,一孩5岁】

但是,随着父母(外祖父母)年龄的增高,母亲要同时承担育儿和照顾父母的重担。

> 感到不安的是,患认知障碍症的母亲、娘家财产的处理、本身的健康、有关后半生伴侣的事情、孩子的将来。【母亲50岁,三孩16岁】

> 因为经常生病,不能长时间工作,可不工作就无法

生活,所以一直工作。但是,硬撑受到报应,身体不行,倒下了,不得不反复离职。同住的父母身体也不好,同住的妹妹住了5年医院,由于精神疲惫,父母和我这个做姐姐的,都病倒了。因为不能领取最低生活保障,也不符合残障人标准,医生让我们"好好休息",我们更是备感焦急。照顾年老的父母和照顾妹妹,再过10年,都会成为很现实的问题。去找自治体和职业介绍所,他们也只是说"真是没办法啊"。【母亲40岁,一孩12岁】

贫困率在经合组织各国当中排名第二

前面提到,在母子家庭中成长的儿童的生活水平比其他家庭儿童的生活水平要低。在其他发达国家也是同样的情况,但从国际上看,日本母子家庭的状况也非常特别。如果将这种特异性归纳为一句话,可以说是"尽管母亲的就业率很高,但经济状况很严峻,来自政府和孩子父亲的援助也很少"。

首先,从就业率来看,整个20世纪90年代,一直保持在80%到90%以上(84%,厚生劳动省编,2006),和其他国家相比,差异明显。请参看图4-1和图4-2。这里显示的

图 4-1 单亲家庭的就业率

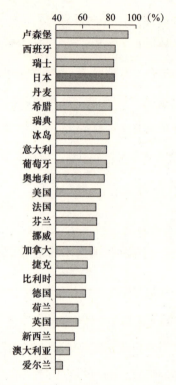

出处：OECD（2005）

是经合组织各国单亲家庭（无论在哪个国家，几乎都是母子家庭）的就业率和母子家庭中儿童的贫困率的比较结果。由

图 4-2 单亲家庭儿童贫困率

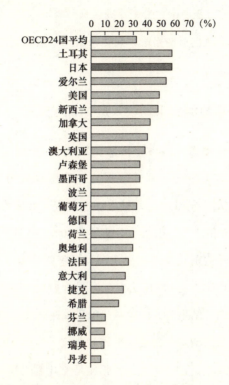

出处：OECD（2005）

图可见，日本单亲家庭的就业率居卢森堡、西班牙、瑞士之后的第四位（在 30 个成员国中），就业率很高。而且，虽然就业率很高，但贫困率却与最为严重的土耳其没有太大差别，排在第二位。正所谓，母子家庭就是"穷忙族"。为什么即使有工作，生活也不轻松呢？我想根据几个数据探讨一下它的缘由。

母子家庭的年平均收入是212万日元

厚生劳动省《国民生活基础调查》（2008年）结果显示，2006年（独立）母子家庭的年平均收入为211.9万日元，家庭成员人均81.3万日元。这与有子女家庭的年平均收入（718万日元）相比，不过是其30%。在厚生劳动省更广义母子家庭的"2006年度全国母子家庭等实际情况调查"中，年平均收入也是212万日元。尽管如此，厚生劳动省在发表此项调查结果时，标题是"母子家庭的就业收入增加"，强调了收入的增长。确实，平均就业收入为171万日元，与上次（2002年）的162万日元相比是上升了。可是，其他收入（来自政府的津贴等）减少了，两者相抵，以合计收入金额来看，4年只微增1万日元。另外，厚生劳动省还认为，母子家庭平均收入为所有家庭平均收入的37.8%，比上次调查的36.0%"增加了"。但是日本社会老龄化显著发展，老年家庭占家庭户的比重增加，将"母子家庭"和"所有家庭"的平均值相比较，不能说是明智的做法。从儿童的角度来看，重要的是和其他儿童相比，自己处于怎样的状况，与80岁老年人的生活水平比较，对于儿童并不重要。母子家庭的平均收入与所有有子女家庭的平均收入相比，2002年为30.2%，2006年为29.7%，基本持平。也就是，很难说母子家庭中儿童的经济状况得到了改善。

正如第二章所述（表2-2），母子家庭儿童的贫困率，比其他家庭儿童的贫困率要突出。第二章中虽然只计算了独立母子家庭，但就是把同住母子家庭计算在内也没有大的差别。根据笔者的计算，同住母子家庭儿童的贫困率，约是独立母子家庭儿童贫困率的一半，但与母子家庭以外的儿童贫困率相比，依然是其3倍（阿部，2005）。也就是说，即使和母亲的父母同住，母子家庭的贫困也不会消除。相反，由于嫁出去的女儿又拖儿带女地"回来了"，完全有三代人一起陷入贫困的可能。从第二章表2-2推算，贫困儿童的约二成到三成是独立或同住的母子家庭的孩子。制定"儿童贫困对策"之际，母子家庭的问题不可回避。

为每天的生活已经费尽心思,现在的收入(现在每月10万日元收入)不能为将来做些积蓄。不会被优先考虑入住公营住宅,不得不在房租昂贵的公寓里生活,孩子父亲已有两年半没有给抚养费了,说"已经没有关系了,不想给"。孩子大了,更要花钱,简直要神经衰弱了。每天过这样的日子,想死的心都有。真受不了。【母亲35岁,一孩13岁,二孩10岁】

非正式员工浪潮

母子家庭收入低的第一个原因,是包括母子家庭的母亲在内所有就业女性工作条件的恶化。20世纪90年代以后,母子家庭母亲的就业形态一直朝非正式员工化发展(图4-3)。

根据前述"母子家庭等实际情况调查","正式雇用"占母子家庭母亲总数的比率由1993年的46.3%减少到2003年的32.5%,而"临时工、计时工""派遣员工""没有就业"的比率则在增加。虽然2006年这种趋势有所反转,但非正式雇用仍然比正式雇用要多。雇用非正式化的浪潮在女性中尤为显著,对母子家庭的母亲来说也是如此。

结果,母子家庭中母亲的劳动收入水平很低,而且从

图 4-3 母子家庭中母亲就业状况

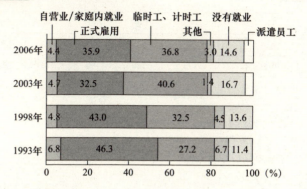

出处：厚生劳动省各年《全国母子家庭等实际情况调查》，"派遣员工"仅限于 2003 年以后

20 世纪 90 年代到 2000 年以后一直呈下降趋势。虽然这里举出的数据有些陈旧，但从中可以发现，从母子家庭中有劳动收入的母亲收入的中位数来看，独住母子家庭的母亲从 1995 年的 194 万日元降低到 2001 年的 168 万日元（2000 年价格），减少了 26 万日元，即使是可以长时间工作的同住母子家庭的母亲，同期的劳动收入也从 223 万日元降到 189 万日元，减少了 34 万日元（表 4-2）。厚生劳动省的最新调查（2006 年）也表明，母子家庭的平均劳动收入仅为 171 万日元。

表 4-2　母子家庭中母亲劳动收入中间值变化（2000 年价格，单位：万日元）

年	1989	1992	1995	1998	2001
合计	172	205	203	179	170
独住母子家庭	172	189	194	169	168
同住母子家庭	180	222	223	199	189

注：仅以有劳动收入的母亲为对象。
　　收入数值为上年收入额。
原数据：《国民生活基础调查》（各年）
出处：阿部、大石（2005）

根据母子家庭的当事人团体 NPO 法人"单身母亲论坛"的调查，母子家庭的母亲约 5 人中就有一人同时身兼两份以上的工作（单身母亲论坛，2007）。由于就业形势恶化，要长时间工作或兼职几份工作才能维持生计，这样和孩子待在一起的时间就大幅度减少，也损害母亲自身的健康。笔者做的问卷调查也表明，实际上有很多母亲因健康状态不佳而无法工作，还有很多母亲担心健康问题。独住母子家庭自不必说，就是在同住母子家庭中，有 32% 的母亲是家庭成员中收入最多的人。因此，母亲的失业或疾病是直接关系到家庭死活的问题。由于从事非正式工作的母亲，常常享受不到病假等制度上的照顾，就是生病了也只能继续工作。

成为母子家庭的母亲后就做了双份工作,身体不好也不能减少工作量,对今后身体能坚持到什么时候感到不安。不工作就不能生活……到市政府去咨询最低生活保障的事,人家也不理睬,不知道怎样做才好。【母亲43岁,一孩17岁,二孩15岁,三孩13岁,四孩11岁】

这个年龄也找不到正式员工的工作,就是去做派遣员工,也很难有介绍长时间工作的。孩子上一年级的时候,和父母分开,住进了公营住宅,但没有抽到母子家庭用房,住进了房租很高的房子。现在真的很辛苦,用以前的存款生活,照这种情形生活下去,存款只能够用三年。同时做两份工,身体极度疲劳。今后如果没有了儿童抚养补贴就活不下去了,非常担心!【母亲37岁,一孩7岁】

不稳定的抚养费

对于母亲离婚的母子家庭来说,孩子父亲给的钱(抚养费)对养育孩子非常重要。即使与妻子分手,父亲也有抚养孩子的义务,对孩子的健康成长有承担必要费用的责任。但是,在日本,大多数离婚事例都没有规定抚养费。根据前述厚生劳动省的"母子家庭等实际情况调查",规定抚养费的事例约占整体的三分之一,虽略有增加的趋势,但仍是少数。即使规定了抚养费,孩子的父亲是否能一直给钱也是一个问题。实际上,目前收到抚养费的母子家庭有19%,只不过大约是总体的五分之一。对于约80%的母子家庭来说,孩子的抚养费靠母亲一个人承担。

很担心孩子父亲能不能按照约定,在孩子自立之前一直给抚养费。所以,离婚的时候办了公证书。这次,对方(孩子父亲)提出申请,希望减少抚养费,家庭法院说,要是双方意见不能统一,就要审判。如果判决裁定减少抚养费额度,据说比公证书更有效力,那么,为什么当时要进行协商,还办了公证书呢?真是感到悲哀。
【母亲39岁,一孩5岁】

不知道抚养费和精神损失费会不会每月汇入账户,对将来感到不安。如果前夫与情人办了结婚入籍手续,再有了孩子,也许抚养费会减少或不再给了。为了让两个男孩健康成长,想做一份正式工作,正在求职过程中。
【母亲37岁,一孩4岁,二孩2岁】

离婚时之所以不约定抚养费,母亲方面给出的第一个理由是"觉得对方没有要给的意思和能给的财力",占总体将近半数的47%。但是,"意思"的问题和"能力"的问题,有很大的不同。如果是"意思"的问题,可以强化收取的方法和提高道德水平,使情况得到改善。但是,如果这是"能力"问题,那么,无论采取怎样的严厉措施,前夫给抚养费的比率也未必会提高。

很遗憾,上述的调查是母亲"认为"的理由,另外,因为"意思"和"能力"是一起统计的,所以在不支付抚养费的父亲当中,有多少人有支付能力但缺乏支付意愿,又有多少人没有支付能力,其比例不得而知。但是,从离婚男性(未必都有孩子)的经济状况来看,与婚姻中男性相比,他们的经济状况不好也是事实。离婚男性无业人员比率为10%(有配偶男性是2%),未加入公共养老金的比率为12%(有配偶男性是3%),离婚男性多为合同工或在小企业工作,有自己住房的比率也很低(阿部、大石,2005)。有报告说,很多离婚家庭的经济状况在离婚前就不好（日本劳动研究机构，2003），很多父亲，不管怎么要求他们给抚养费，实际上他们除了支付自己的生活费以外，已没有经济能力再支付别的了。

前夫还在失业，完全不期待他能给抚养费，反而是长子（20岁）给前夫生活费上的贴补，长女患上了抑郁症，伤病补贴要是断了，就没有收入了。因为自己还是婚姻期间所住房屋贷款的共同债务人，如果前夫不交房贷，就有可能向我要。没有政府补贴就不能生活。【母亲50岁，三孩10岁】

从支付抚养费的国际比较来看，只能说日本的状况很特别。美国、英国、瑞典等诸多发达国家，都建立了征收抚养费的公共制度，父亲就像缴纳税金一样支付抚养费。比如，在美国，"单亲家庭（其中85%左右为母子家庭）的50%—60%（离婚为64.6%，分居为49.8%，未婚为47.8%）约定了抚养费"，其中"50%—60%的单亲家庭能全额收到约定的抚养费，完全没有收到抚养费的家庭只不过是整体的20%"（周，2008）。与日本相比，美国离婚率更高，收入较高阶层的比例也高，但即使这样，日本与美国之间的这种差距也太大了。

第二节 母子家庭中儿童的成长

平日里和母亲一起度过的时间平均为 46 分钟

前面说过，日本母子家庭中的母亲有 80%—90% 都要工作，即使与欧美各国比较，就业率也高很多。可是，由于工作收入较低，许多母亲一边或增加工作时间，或同时兼做两三份工作，一边还要养育子女。母子家庭中母亲的长时间劳动直接导致孩子和母亲相处时间的减少。根据对日本和欧美各国母子家庭中母亲时间调查（调查一天中在各种事情上各花费多少时间）的国际比较研究（田宫、四方，2008），日本母子家庭的母亲在工作日和周末都是工作时间长，育儿时间短，过着"偏重工作时间分配"的生活（工作时间日本平均为 315 分钟，美国 242 分钟，法国 193 分钟，德国 160 分钟，英国 135 分钟）。

养育 6 岁以下的子女更需要时间和精力，仅从有 6 岁以下子女、母亲还要工作的母子家庭来看,工作日的平均工作时间是431分钟,而育儿时间竟只有46分钟。作为参考,有同龄子女的双职工家庭的母亲,工作日的育儿时间平均为113分钟。母子家庭的母亲,即使是周末,平均工作时间也有163分钟。而且,与20世纪80年代相比,这种趋势更为显著。

对此进行分析的神户学院大学准教授田宫游子和庆应义塾大学COE研究员四方理人两位认为,需要制定"单身母亲的工作生活协调"政策,这个观点完全正确。

作为"支持育儿"政策的一环,政府提倡育儿和工作两不误的"工作生活协调",但是对于母子家庭的母亲却催促她们"通过劳动自立"。迫使已经竭尽全力工作的母亲们还要"更努力地工作",这不仅会给母亲自身的健康和幸福带来负面影响,更重要的是,对于那些在母子家庭中生活的孩子,会造成更大的负担和牺牲。从孩子的角度来看,母亲总是在工作,自己被托付给别人,自己独处的时间会更多。由于没有父亲,本来孩子们就很少有和家长亲密接触和沟通的时间,但是,如果母亲被迫要"和父亲一样"工作的话,那就会出现孩子眼中的"父母"都不在的状况。

孩子还是小学生，还没什么教育费用。但以后要上初中、上高中，教育费就要增加了，到时候晚上不工作可能不行了。现在虽然在工作，但工资不会再增加，现在实在是存不了钱。因为只有一个孩子，我晚上要是去工作，家里就孩子一个人，非常担心。【母亲48岁，一孩11岁】

现在去保育园，我的工作基本上是周六日和节假日上班，休息日孩子可以去保育园（市里办的），但等上了小学，第一天就要做出选择，是让孩子一个人整天待在家里，还是去儿童之家（和公民馆一样）或者家庭援助中心。但哪个都不太想去。去市政府咨询，被告知因完全没有休息日照看小学生的需求，所以也完全没有开展有关服务的计划。【母亲38岁，一孩3岁】

国家和地方自治体在实施公立保育所和学童保育，但还不能完全满足母子家庭照料儿童的需求。在前述"单身母亲论坛"2006年进行的调查中，有很多母亲表示，如果孩子在上学之前或上小学后，"周末要去上班，孩子没有学童保育的地方可去","突然加班的时候,找不到照看孩子的地方"。还有的母亲必须要上夜班,不得不和孩子分开生活。

> 如果不继续当护士,就没有收入。但是,孩子是个女儿,上夜班时留她一个人在什么地方,很不放心……可不把孩子托付出去就不能去上班。收入和精神压力都增加了。女儿从小学四年级起就根本不上学了,15岁时说想成为宠物美容师。有家私立的专科学校,与函授高中合办,希望她能入学。自己找过别的地方上班,被告知不要无法上夜班的护士(公务员),为了让女儿上学,与"烦恼儿童咨询所"商量,从初中三年级的2月到现在,一直在青少年设施里。明年18岁就要回家了,作为母亲,这3年只能说很痛苦。【母亲46岁】

当然,对于必须要工作才能生活的母亲来说,保育设施的充实是很重要的。孩子不能得到很好的照顾,自己还必须要去工作,这是最糟糕的情况。但是,即使有24小时的保育设施,对于母子家庭的儿童来说是最理想的吗?最好的对策是,在充分考虑孩子的需求和母亲自身的职业经历积累的基础上，设计恰当的职业和收入保障政策，让母亲们只要在合适的时间里工作就能够生活下去。

"不想让孩子感到凄惨"

在经济条件制约较多的情况下，随着孩子的成长，育儿费用的上升不仅对父母，也会给孩子带来影响。在上述"单身母亲论坛"的调查中，因抚养上初中、高中的子女而感到艰难的大部分情况都与教育费用相关。其中包括："育儿费用高，负担大"（31%）、"上短期大学、大学在经济上很困难"（22%）、"没有经济能力让孩子掌握足够的学习技能"（12%）等。还有母亲"不得不依靠孩子打零工"（4%）。

在笔者和同事进行的问卷调查中，也有很多母亲说"不想让孩子觉得丢脸""不想让孩子感到凄惨"。即使学费可以通过奖学金和贷款等办法来解决，但学校里的社团活动费和兴趣班的费用也出乎意料地多，如果经济上没有一点宽裕，都不能带孩子外出吃饭和旅行。有时孩子自己打工挣学费和社团活动费。到了初中，孩子自己也会理解家庭的经济状况和母亲的压力。虽然这件事本身不能说是个问题，但是由于经济上的原因，儿童放弃了自己的希望和梦想，这才是父母担心之处,也是社会应该关注的。

> 或许是因为想到自己是母子家庭,二儿子不愿意接受援助,虽然自己还是学生,但却在假日和深夜打两份工,我真担心他学业和健康会受影响。【母亲50岁,三孩16岁】
>
> 孩子说:"上了高中,如果是私立的话,不是就不能生活了吗?"作为母亲,不想让孩子放弃"想上的学校"和"梦想"。但是,如果生活这样的话,会怎么样呢?……【母亲38岁,一孩11岁】

母子家庭特有的育儿困难

有很多家庭,无论孩子的年龄多大,都面临"母子家庭特有的问题"。在上边介绍的"单身母亲论坛"的调查中,问了所有人"在抚养孩子上有什么放心不下或担心的事"。在回答中,随处可见由贫困派生出的各种问题、长时间劳动造成的育儿时间不足、教育费不足问题,还有正因为是母子家庭才会面对的育儿困难等问题。

例如,把"周围对母子家庭的偏见"作为抚养孩子时担心事项的比率占29%。母子家庭的很多人都说，她们听到过邻居们说"明明是母子家庭的孩子，还要上大学什么的，与身份不符"之类的话。这样的说法，会给母子家庭的孩子们带来新的伤害和自卑感。

还有很多母亲担心孩子和父亲的关系。根据同样是母子家庭互助团体的"手拉手之会"2002年的调查，离婚时承担全部子女抚养责任的母子家庭的母亲，约有一半在和父亲做与孩子见面的交涉，试图离婚后也继续保持孩子与父亲的关系。但是，由于父亲再婚等原因，不再与孩子见面的情况很多，特别是对于男孩，很多母亲因其眼中缺少父亲形象而烦恼。

可以想象，无论是父母离婚还是父母去世，这些事情本身都会给孩子带来很大的精神压力，同时，在这个过程中，还有父母的争吵、暴力，父母的疾病，与周围的纠葛，等等，都会给孩子造成心理负担。为了缓解这些心理压力，本来，母子家庭的孩子就需要得到比其他孩子更为周到的照顾。然而，母子家庭的母亲，多数情况下只是一个人承担照顾孩子的责任，身体和精神上都很疲惫。

在双职工家庭里，在母亲育儿时间减少的时候，父亲可以弥补，而且，如果经济上比较宽裕，即使平时很忙，也可以在周末和孩子们一起悠闲度过。对于特别需要照顾的孩子，可以或减少工作时间，或找人来做家务，自己有更多的时间和孩子亲密交流。但是，对于母子家庭来说，尽管有需要特殊照顾的孩子，但大多数情况下也没有条件这样做。

表4-3 母子家庭在育儿方面担心的事情（多选回答）

孩子生病	66	26.0%
孩子（身心）障碍	12	4.7
不上学	19	7.5
闷在家里	13	5.1
父亲的暴力影响	16	6.3
学习落后	50	19.7
周围对母子家庭的偏见	74	29.1
孩子的出路	108	42.5
孩子的将来	132	52
和自己的关系	93	36.6
和朋友的关系	60	23.6
育儿费用不足	140	55.1
确保孩子安全	121	47.6
没有特别担心的事情	4	1.6
其他	16	6.3
回答人数	254	

出处：しんぐるまざあず・ふぉーらむ（2007）

虽然收入（工资）增加了，但还总是担心贷款、教育费、医疗费等问题，再加上不是正式员工，生活还是不稳定。最大的问题还是工作太忙了，我精神上太紧张，也常对孩子发火，不能耐心地听孩子说话，总像被追赶着一样，感觉很不安。如果工作量减少，就会是计时工资，收入可能会减少一半，另外，已经41岁了，也很难换工作，所以很烦。【母亲41岁，一孩8岁】

孩子们要上初中、上高中，我担心到时候能不能筹措出学费。虽然我知道不能永远做兼职或临时工作，但是现在孩子们还需要我。虽然穿衣吃饭不需要我照顾了，但在精神方面我必须要做他们的主心骨。我想尽量找时间和孩子们在一起。在孩子不那么需要我的时候，我就快到50岁了，当然不会有成为正式员工的途径，如果没有补贴我就无法生活。难道母子家庭的母亲不能好好照顾自己的孩子吗？只能不顾一切地挣钱吗？【母亲43岁，一孩13岁，二孩9岁】

而且，令人震惊的是，除了母子家庭这一"不利"因素之外，还有很多家庭面临进一步的问题。在上述的调查中，关于抚育子女方面的担心问题，还有人回答"孩子（身心）障碍"（5%）、"闷在家里"（5%）、"不上学"（8%）。也就是说，大多母子家庭除贫困、育儿时间少之外，还面临"残障""闷在家里""不上学"等问题。

> 随着孩子的成长，供餐费（上初中要自己带饭，买米钱等）和教育费增加，但儿童抚养补贴却越来越少……不能领取生活保障，也不能出去工作（因为孩子不上学），今后会什么样呢？有钱的人却会有很多钱……
> 【母亲36岁，一孩12岁，二孩11岁，三孩8岁】

第三节 对母子家庭的公共援助——政策都做了些什么

"母子家庭对策"的菜单

针对这些母子家庭的状况，政策做了什么呢？并不是什么都没有做。对于因父亲去世而成为母子家庭的家庭（当然前提是丈夫加入了厚生养老金、国民养老金等公共养老金），会有遗属养老金。国民养老金的遗属养老金额度每年约为80万日元，根据子女人数有不同的增加额度（2004年度），厚生养老金的遗属养老金额度则根据丈夫加入时间和生前的收入来决定。同时，如果加入了商业保险，死亡保险金给付也是很大的经济支柱。但是，因离婚、未婚等理由而形成的母子家庭，就没有这样金额较多的补助。针对母子家庭的主要制度如下：

- 母子生活援助机构（以前的母子宿舍）、母子公寓、优先入住公营住宅等免费或低房租的住房
- 儿童抚养补贴
- 单亲家庭医疗费补助金等补贴一部分生活费用的现金支付
- 母子寡妇福利贷款等贷款
- 优先入住保育所以及针对单亲家庭的上门婴儿服务等育儿援助
- 母子家庭就业、自立援助中心、自立援助教育培训给付金等就业援助

这些政策大多因地方自治体不同，其内容和对象也不同，还有东京都的儿童培养补贴等地方自治体独自推行的制度。此外，还有最低生活保障和减免国民养老金保费等针对所有低收入群体的制度。

然而，这其中如母子生活援助机构和母子公寓、公营住宅等，能入住的家庭有限，而且设施老化，无论在量上还是在质上，都只能满足急剧增加的母子家庭的一部分需求。如后面所述，就业援助是2002年母子家庭政策改革以后被列为重点的领域，但对于其效果也有很多质疑的声音。

"最后的堡垒"——生活保障制度

这里，我们特别着眼于向低收入母子家庭进行现金支付的制度。

在日本的社会保障制度中，保障最低限度生活的"最后的堡垒"就是最低生活保障制度。这一制度不限于母子家庭，而是面向所有国民的制度，对家庭收入（包括养老金、儿童补贴、儿童抚养补贴）低于最低生活费（保障基准）的家庭，给予差额补贴。但是，正如第三章详细说明的那样，要领取最低生活保障费并不容易，必须要满足资产和储蓄几乎枯竭、没有给予帮助的家庭成员和亲属、没有工作能力等几个条件。如果母子家庭和母亲的父母一起居住,则被视为同一个家庭,整个同住家庭必须满足最低生活保障要件,这方面的条件非常严格。

2005年,领取生活保障的母子家庭(与父母同住的母子家庭除外)约有9万户。不同年度略有不同,但可作为一种参考,2003年母子家庭估计为122.5万户,简单计算,约有7%的母子家庭领取生活保障(根据厚生劳动省的统计,母子家庭领取社会保障的家庭有13.1%),不过,这是以狭义的独住母子家庭作为分母来计算的(『生活保護の動向』,2007年版)。也就是说,母子家庭每14户中只有一户左右领取生活保障,90%以上的家庭只能靠劳动收入和儿童抚养补贴来维持生计。

而且,即使是领取生活保障的母子家庭的母亲,也有49.2%(2006年)仍在工作,也就是,靠劳动收入和其他收入(儿童抚养补贴等)不能维持最低生活,不足的那部分,要依赖生活保障。其余约半数领取社会保障的母子家庭,可能是因为健康上的原因而难以从事劳动工作。就是说,日本的母子家庭即使领取了生活保障,也不能说这些家庭"依存于福利"。

2002年的母子家庭政策改革

在针对母子家庭的政策措施中,对象人数最多的是儿童抚养补贴。

儿童抚养补贴是一种现金支付制度,它的对象是抚养没有与父亲共同生活的18周岁以下儿童、收入低于收入标准的所有母子家庭(或抚养者)。支付额度根据家庭的收入水平而不同,从最高的每月41720日元(2008年度,二孩在此基础上加5000日元,三孩以后每人加3000日元)到0日元,分为多个等级。截至2007年2月,约有99万人领取了儿童抚养补贴,约占母子家庭的70%。随着母子家庭的增加,领取儿童抚养补贴的人数也在增多,1999年为66万人,约10年后的2008年达到了99.9万人。

在这种情况下,日本政府于2002年对母子家庭政策进行了大幅度的改革。改革的主要目的是"明确领取儿童抚养补贴的母亲走向自立的责任和义务","在一定期间内缓和离婚等原因引发的生活激变,以促进自立为宗旨重新制定政策"[(厚生劳动省)《母子家庭等自立援助对策大纲》]。也就是说,要极力限制儿童抚养补贴等领取期间具有长期恒常性质的收入保障,取而代之的是通过职业训练提高母亲自身的劳动能力,进而使其将来不再需要政府援助就能"自立"生活。

虽然说起来这个理由很正当,但在实际操作当中,在还没有看到职业训练等效果之前,就开始削减收入保障了。首先,2002年儿童扶养补贴的支付额度开始实行"递减制"。所谓递减制,就是根据收入情况逐渐减少支付额度(在此前只有全额和半额两个等级)。这样一来,虽然消除了超过收入标准后支付额骤减的矛盾,但由于整体上收入标准限制变得严格,所以能够全额领取的收入标准限制,从每年205万日元降到130万日元(母亲和一个孩子的二人家庭)。另外,把从父亲那里收取抚养费的80%作为收入计算,寡妇扣除、寡妇特别加额也不再是所得税收扣除对象,支付条件更加苛刻。其结果,在领取抚养补贴人员中可以得到全额支付的比率从85%左右下降到60%,很多人的领取额度都减少了。

其次,法律条文规定了儿童抚养补贴的期限。对儿童抚养补贴(全额)支付期间设立了五年的时间限制,针对领取补贴超过五年的家庭或形成母子家庭超过七年的家庭,届时无论收入是否超过收入限制标准,支付额度都将最多减少至二分之一。这项措施本应从2008年4月开始实行，但由于相关团体坚决反对，目前暂时处于冻结状态。但不知什么时候这个话题又会被重新提起，情况不容大意。另外，从2007年开始，取消了针对领取生活保障的母子家庭所支付的"母子增额"（每月2万日元左右）。

  对经济前景非常不安。即使有能力和经验，在东京以外的地方也很难找到工作。由于企业裁减人员，雇佣形式大部分是临时工和派遣员工，在有孩子的情况下，收入自然会受到限制。目前领取的儿童抚养补贴占现金收入的近三分之一。如果儿童抚养补贴减少了，生活会非常艰难。另外，现在的就业援助项目是以基础性工作为中心的，要想成为企业的生力军并提高收入，这些项目则不太有用。因地方自治体政策不同而造成的地区差距也令人遗憾。现在能使女性稳定工作的社会还不成熟，现实当中，到处都让我感到仅靠个人努力什么都无法实现。【母亲34岁，一孩2岁】

"五年"意味什么

儿童抚养补贴之所以有了支付期限,其原因出于这样一种假设:母子家庭的生活艰苦是缘于生活激变而发生的"暂时"现象,以后随着时间的流逝,这些家庭的生活基础就会得到改善,到时能够不依靠国家援助来维持生活。进一步深入解读这一改革的意图,还有这样一种潜在的观点:过了五年还挣不到收入限制标准以上的收入,是因为母亲想继续领取儿童抚养补贴,而故意把劳动收入控制在收入限制标准以下。

这种现象是对"福利依赖症"的批判。"福利依赖症"曾在欧美成为社会问题,并成为20世纪90年代欧美各国福利改革的原动力。但是,对"福利依赖症"的批判,毕竟是对欧美丰厚福利政策的一种反省,把它套用在日本,则与实际情况有很大的矛盾。为什么这么说?这里我讲一下理由。

第一,单亲家庭的艰辛生活,并不会随着成为单亲家庭之后时间的推移而改善。在笔者和其他同行于2006年进行的母子家庭调查中,尽可能详细地追溯了成为母子家庭以来收入情况的变化。从成为母子家庭之后的时间与劳动收入的关系来看,虽然随着时间的推移劳动收入会有提高,但较大的提高幅度只持续到第三年,此后收入很难增加。那些劳动收入还会微弱增加的家庭,仅限于高学历、较年轻时成为母子家庭等极少数条件较好的母子家庭。雇佣形式不好(全时兼职、短工、非连续雇用)的人群,劳动收入几乎没有增加。

笔者在向母子家庭支援团体的会员们报告这个调查结果的时候,一个母子家庭的母亲发言了。她对成为母子家庭之后3年左右收入上升,此后难以增加的结论表示赞同,还说了自己的经历:"最初是从什么都没有的条件下开始的,不顾一切地去工作啊,但是,这样不管不顾地干,大约第五年的时候身体就垮掉了。"她的经历,是母子家庭中大部分的母亲都有体会的。

第二,由于欧美国家对母子家庭的福利补贴比较丰厚,所以那里的母子家庭能够"依赖"福利补贴(不工作)生活。但是在日本,即使可以全额领取儿童抚养补贴,一个月也只有4万日元左右,单靠这点补贴是无法生活的。日本母子家庭中母亲的就业率之所以比其他发达国家高,原因就在于此。也就是说,她们不工作就无法生存。这些母亲已经在尽全力工作了,无视这种状况,而像欧美那样强行停止福利补助,会对母子家庭中儿童的健康成长带来不良影响。

增加的开支

第三,母子家庭的生活完全有可能随着时间的流逝而变得艰难。这是因为育儿费用的增加。在上述调查中,询问了与成为母子家庭时相比,现在的生活发生了怎样的变化的问题。结果显示,回答"变好了"的占34%,相反回答"变坏了"的占42%,回答"变坏了"的人略多一些(图4-4)。从形成母子家庭之后的时间来看,认为"变好了"的人随着年数的增加而增多,同时,"变坏了"的人也同样增多了(图4-5)。也就是说,对生活的感受两极分化。

图 4-4 与形成母亲家庭时相比,现在生活如何?

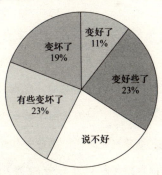

原数据:《母子家庭生活变化调查》(2006)
出处:阿部、藤原、田宫(2006)

于是，就"变坏了"的人询问其原因，回答最多的是"孩子长大了，花钱也多了"（多选项回答，72%），远远超过了第二多的"劳动收入下降了"（多选项回答，42%）。从不同项目分类家庭支出变化看，与形成母子家庭之初相比，有74%的人认为教育费用增多了，有58%的人认为供餐费增多了。

随着孩子的成长，学费（考试费、入学金等）、孩子想去的兴趣班费（社团活动费、补习班费等）、服装费等方面的支出多了起来。现在尽量用存款应付，但也快用完了，情况比较严峻。为每月不发生赤字而想尽了办法。
【母亲36岁，一孩12岁】

对学费感到不安。虽说孩子不上大学就无法实现梦想，但是靠现在的收入即使借助奖学金也无法维持生活。到处借钱也对怎么偿还感到不安。我想，至少靠我这个母亲的力量让孩子毕业。对自己的晚年生活也非常不安。要是有欧洲那样的福利就好了。要是有个有单亲生活经历的人经常聚会的地方就好了。【母亲57岁，一孩17岁】

孩子升高中、大学的时候最花钱，那时候没有了补贴就麻烦了。现在借了奖学金，但想到现在年轻人的就业状况，真担心将来他本人能不能偿还。母子福利资金等，都是没有担保人就借不到的，现在对怎么筹钱最为不安。

【母亲42岁，一孩17岁，二孩15岁，三孩12岁】

图 4-5　与形成母子家庭当时比较，现在的生活感受怎样？

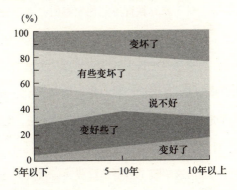

p＜0.001
原数据：《母子家庭生活变化调查》（2006）
出处：阿部、藤原、田宫（2006）

调查结果表明，母子家庭的经济状况与形成母子家庭之初相比，收入或持平或微增，但之后的状况随着教育费用等与孩子相关费用的增加而变得艰难。可以认为，图4-5显示的两极分化现象，是由形成母子家庭时孩子的年龄和母亲的工作状况而导致的经济状况引发的。

第四节　不是"母子家庭对策",而是"儿童对策"

针对母子家庭的政策,首先应该把母子家庭中儿童的健全成长作为首要目的。现在母子家庭中的儿童,大多与父母共度的时间很少,对于家庭教育等其他家庭的儿童享受的诸多便利,处于"必须忍耐"的状态。这种影响也体现在与一般同龄儿童相比,母子家庭中长大的儿童完成义务教育后(15~19岁)的就学率较低这一事实上(劳动政策研究·研修机构,2003)。母子家庭的儿童,在低收入家庭中成长,如果错过了作为社会人自立所必须接受教育和掌握技能的机会,或丧失了学习的热情,恐怕这个孩子本身也将成为低收入劳动者,影响他们的结婚生子。这就是"贫困的代际间连锁效应"。

从母子家庭的儿童及母亲的现状来看,只能得出现在的母子家庭对策还不充分这种结论。如笔者反复强调的那样,日本母子家庭之所以收入低并不是因为"福利依赖症",而是缘于母子家庭中母亲的就业机会仅限于长时间工作而工资又不高的职业。她们所从事的工作,大多情况下,即使能长期持续工作,也没有涨工资的可能,因此不能说母子家庭的贫困是刚形成母子家庭之际的暂时状况。政府虽然加强了针对母子家庭的就业援助政策,但实际上这些政策在改善她们的劳动收入和雇用条件方面究竟有多大作用还没有得到验证。如果就业援助政策产生效果,母子家庭的收入自然就会上升,儿童抚养补贴也就应该超过收入限额,即使不设"五年"的时间限制,母子家庭也会"自立"。但是,无论怎样的就业援助政策,都不会对所有人有效。给儿童抚养补贴设定期限,有可能使无法享受就业援助恩惠的人们和儿童的生活水平进一步恶化。

其实,这样的问题不仅限于母子家庭中的儿童。正如通过本书所看到的那样,儿童的贫困,无论是双亲家庭还是父子家庭都会发生。雇用的非正式员工化和经济状况的恶化,不仅发生在母亲身上,也发生在父亲身上。笔者认为,就收入保障和就业援助政策而言,需要废除"母子家庭对策",取而代之的是,制定与儿童所在家庭类型无关的"儿童对策"。

"儿童对策"的主要目的,是消除儿童贫困和切实保证给予儿童恰当的关怀。因此,需要切实保证有充分的收入和"机会的平等"(免费教育等),并且要对父母或抚养人进行"工作生活相协调"(工作育儿两不误)援助。现在的"母子家庭对策"只关注经济上的自立，完全没有关怀儿童及对工作育儿并行进行援助的视角。把孩子一直寄放在托儿所或儿童保育所，即便收入再高，即便通过从事上班时间很长的工作或者兼职两三个工作实现了经济上的"自立"，但无论从父母的角度还是从儿童的角度来看，这也都不是理想的结果。

很多弊端都起因于以"母子家庭"这一概括的角度来制定政策。其中最大的弊端就是对离婚和未婚的偏见和"道德打击"（对价值观的中伤）。由于陷入这种争论，那些处于旋涡中的儿童就有被忽视的危险。

如果过于拘泥于"母子家庭"这一形式，就会产生母子家庭的贫困是某种特殊状态的错觉。譬如，把儿童抚养补贴定位为形成母子家庭之后的临时性援助措施就是如此。我们需要的不是看"第五年""第十年"，而是需要看"'当前、现在'儿童的状况如何"这种视角。

不管家庭形态如何，只要着眼于儿童，就能够应对双亲家庭、父子家庭、和祖父母一起生活的孩子等各种状况下的儿童贫困问题。譬如，现在父子家庭不是儿童抚养补贴的对象，但贫困父子家庭面临的问题，与贫困母子家庭面临的问题一样。从贫困率来看，确实母子家庭比父子家庭的比率要高,但并不是没有贫困的父子家庭。只有消除政策上的性别偏离、家庭形态偏离,才能构建包含所有儿童的制度。

在本章的最后,虽然无关本书的主题,但还是想就母子家庭中的母亲多说上一句。她们当中的很多人为了维持现在的生活已竭尽全力,几乎没有为自己的晚年和疾病准备积蓄。另外,因为要硬撑着一边工作,一边育儿和做家务,很多人患上了身体上或精神上的疾病。她们的问题不仅仅是母子家庭的母亲,可以说是包括没有孩子的离婚女性和丧偶女性、丈夫去世的高龄女性、单身女性等所有女性的问题。女性的贫困,其本身就是一个很大的社会问题,本书无法全部写出来。最后,请允许我以一位母子家庭母亲的话来总结这一章。

> 面临孩子上大学经济上的不安。自己是派遣员工,没有增加收入的希望,所以没有办法为自己晚年做些积蓄。常想将来干不动工作了,最好马上死了,这样就不会给孩子添麻烦。【母亲42岁,一孩15岁】

让母亲说出"为了孩子想早点儿死"的社会,不应该得到原谅。

第五章 学历社会与儿童贫困

第一节　处身于学历社会

人们都说，日本是"学历社会"。在日本人的意识当中，"学历"占有很重要的位置，与外国的"出身阶级"和"种族"等割裂社会的"社会阶层"有着同样的作用（竹内，1999；吉川，2006）。恰好，日本的高中升学率几近100%［初中毕业生升高中的比例，2008年是97.8%（文部科学省，《学校基本调查》）］，大学升学率接近50%［高中毕业生中上大学人数的比例，2008年是52.8%（同上）］，大学毕业和非大学毕业大体上是50对50，仿佛有一种由于学历的不同，社会被分割为两半的感觉。

在教育社会学领域，有大量关于学历的研究成果。其中有学历决定未来的"学历精英论"，有认为教育已成为持续社会不平等的一种机制的观点，还有认为是否能获得学历受出身阶层影响的"大众教育社会论"（苅谷，1995），等等。这些有关"学历社会"的教育社会学研究成果，从贫困研究学者的角度看，也会得到启示。学历与出身阶层的关系，在第一章（图1-6）中也有所涉及，希望大家能回忆一下。

本书并不打算一一罗列出这些教育社会学的成果。这里，我想从"儿童贫困"的角度，从中挑选几个来介绍一下。这些观点在很多书籍中都有涉及，可能许多读者都很熟悉。请这些读者权当复习，浏览一下就行了。在概述这些研究成果之后，我们来讨论每个儿童都应该享受的最低限度的教育是什么。

有一种"学历"叫作初中毕业、高中辍学

当我们讨论的问题不是"格差"，而是"贫困"的时候，最引人关注的是"低学历"。具体来说，我们先来确认一下，在高中升学率为 97% 的这讲究学历的日本社会当中，"初中毕业""高中辍学"意味着什么。

以贫困研究著称的日本女子大学教授岩田正美通过各种数据说明，"低学历"这一"劣势"在贫困者当中尤其体现在那些面临严重问题的人群身上（岩田，2007）。岩田等人进行的流浪汉（无家可归者）调查（都市生活研究会，《平成 11 年度路上生活者实际情况调查》）显示，流浪汉人群的学历，约有 60% 的是"义务教育"水平。2007 年厚生劳动省进行的调查也表明，在全国无家可归者的学历中，初中毕

业占 54.5%，高中毕业占 31.5%，短期大学、专科学校毕业占 2.9%，大学毕业占 5.6%。由于无家可归人群的平均年龄在 50～59 岁，（这偏高的年龄）可能会影响到他们的学历，但即便如此，初中毕业的人占半数以上也够多了。

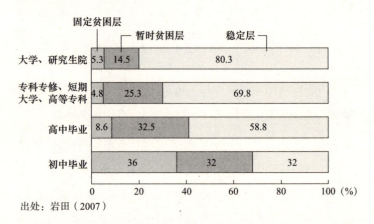

图 5-1 女性的贫困经历与学历

出处：岩田（2007）

在家计经济研究所追踪调查的年轻女性（1993 年，24～34 岁人群，572 人）中，贫困经历与学历的"关联性极为显著"（岩田，2007）。在 1994 年至 2002 年的九年间，对受访者进行调查的结果显示，初中毕业的"固定贫困层"（九年来收入一直在贫困线以下）为 36%，"暂时贫困层"（九年中曾一度有过贫困经历)为32%。相比之下,大学毕业的"稳定层"(从未有过贫困经历)占80%(岩田,2007)(图5-1)。从前,一般认为女性结婚后经济状况会有变化,她们本身的学历与其经济状况之间没有太大的关系,但实际上,女性的学历与其后来的贫困经历也密切相关。很遗憾,现在日本还没有这样长时间跟踪男性的调查,但可以想象对于男性来说,这种关联性会更强。

劳动政策研究和研修机构进行的分析也指出,在初中毕业和高中辍学人员中自由打工者和啃老族的比率特别高,并且有增加的趋势(小杉、堀,2006)。2002年,男性初中毕业(及以下)学历的自由打工者(15~34岁人群没有上学,女性没有配偶,在工作的地方称为"计时工"或"打零工",或希望从事这个职业的人)的比率为21.7%,女性为50.2%(表5-1)。女性初中毕业的人有一半是自由打工者。

初中毕业以外还有"劣势"学历。详细数据这里暂且割爱,高中、大学这一层次学校的中途辍学人员和长期缺席人员也处于同样的状况。

持续在第一线报告年轻人工作状况的《读卖新闻》记者大津和夫指出,在处于啃老族状态的年轻人中辍学(高中、大学、短大、专科学校)人员超过了30%(厚生劳动

表 5-1 分学历自由打工者比率

年		1982	1987	1992	1997	2002
男性	小学、初中	4.3	9.1	12.3	15.6	21.7
	高中、旧制初中	2.4	4.4	4.9	7.2	10.7
	短大、高等专科	2.2	3.3	3.1	5.1	7.6
	大学、研究生院	1.2	1.4	1.4	2.7	4.5
	全部	2.4	4.0	4.4	6.4	9.3
女性	小学、初中	12.9	27.2	32.1	42.4	50.2
	高中、旧制初中	6.5	10.7	11.1	20.0	30.4
	短大、高等专科	7.3	8.2	6.9	12.1	16.0
	大学、研究生院	8.0	8.9	6.8	9.6	9.6
	全部	7.3	10.8	10.2	16.3	21.9

注：不包括学历不明人员。
出处：小杉、堀（2006）

省，《处于无业游民状态的年轻人的实际情况及援助政策的调查研究》，2007），他说："现实情况是，在学历决定一切、难以重新开始的社会，这些年轻人没有了'学校''学历''父母''朋友'，很难找到能过上自立、稳定生活的职业。进而他们又会脱离'工作'这一与社会的'联系'，被'住宅''医疗'等各种各样的关联所'遗弃'。"（大津，2008）

第二节 "意识差距"

低学历人群集中于贫困家庭的儿童,这不仅缘于这些家庭无力支付高中和大学的学费。在日本上学虽然有资金和学生配额是否充足的问题,但不管怎样也还有奖学金制度和贷款制度,如果学习成绩好,就能利用这些制度升到上一级学校。

但是,正如第一章经合组织"国际学生评估项目"(PISA评估)数据所显示的那样,在 15 岁阶段,也就是在初中结束之前的儿童之间,就存在着由社会经济阶层造成的学力上的巨大差距。这种差距的根源是什么呢?

如第一章所述,研究人员认为,影响儿童成长的"路径"不止一个。在探讨学力问题时,就会想到不能进行教育投资,让孩子上补习班、为孩子请家教等"经济因素",在家里父母不能督促孩子学习,没有充裕的精力抚养孩子的"压力因素",或家里没有踏实学习的空间或居住的地方没有图书馆和公园等社会资源的"环境因素",等等。

在这么多路径当中,不由得让人联想起"榜样论"(父母关于出人头地和学习成就的价值观由孩子继承)和"文化论"

（父母拥有的"文化"由孩子继承）的"意识上的差距"，这在日本也受到很多研究者的关注，涌现出不少优秀的研究成果。其中，东京大学苅谷刚彦教授的《阶层化日本与教育危机》（有信堂高文社，2001年）和东京学艺大学山田昌弘教授的《希望格差社会》（筑摩书房，2004年）指出，"努力""热情""希望"等意识方面的差距在扩大，引起了巨大反响。这里，我想简单地介绍一下他们的分析。

努力方面的差距

苅谷充满学术热情的分析结果，令包括笔者在内的很多人都感到震惊。苅谷以1979年和1997年的高中生为对象做了调查，按不同社会阶层对儿童的学习意识变化进行了分析。首先分析的是"努力"。儿童会因社会阶层的不同，在"努力"的程度上有差异吗？为了回答这个问题，苅谷关注的是高中生放学回家后学习了多长时间。

图5-2a、b、c是按照父亲的职业、学历、母亲的学历，分别计算出的孩子课外学习时间的平均值。从中可以读取到三点：第一，从1979年到1997年，除农业外，所有阶层儿童的学习时间都在减少。第二，社会阶层越高学习时间越长。

图 5-2a、b、c 课外学习时间（平均）

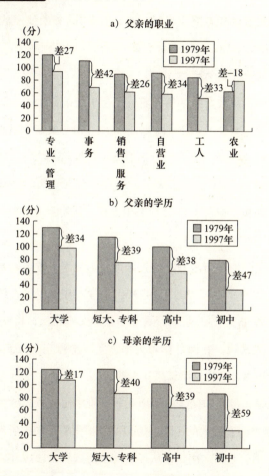

出处：苅谷（2001）

第三，不同阶层学习时间上的差距在扩大。

从父亲的职业来看，"专业、管理"职务的孩子从1979年到1997年减少了27分钟，而"事务"职务则减少了42分钟，工人阶级减少了33分钟。

另外，从父亲的学历来看，大学毕业的减少了34分钟，初中毕业的减少了47分钟。结果表明，由于父亲的职业和学历所造成的孩子"努力"方面的差距，虽然1979年就有了，但到1997年差距变得更大了。1997年，父亲大学毕业（97分钟）和初中毕业（33分钟）相比较，其差距为1个小时以上（64分钟）。

从母亲的学历来看，这种倾向更为显著，母亲是初中毕业的儿童的学习时间，从1979年到1997年减少了大约一个小时（59分钟），与母亲是大学毕业的儿童相比，相差79分钟。一般来说，在课外学习方面，实际上母亲与父亲相比，参与得更多，所以这个结果让人赞同。

但是，母亲和父亲的学历和职业阶层的分布，1979年和1997年之间有很大的不同，所以必须留意柱形图中所包含的学生比例的差异。例如，从母亲的学历来看，1979年"初中毕业"的学生为35%，到了1997年则为6%。为了修补这一

图 5-2d 不同社会阶层课外学习时间（平均）

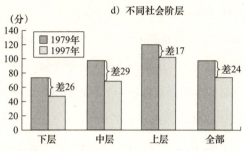

出处：苅谷（2001）

问题，图 5-2d 根据父母的学历和父亲的职业建立了"社会阶层指标"，以大体相同的比例把学生分为三部分（下层、中层、上层）进行同样的分析。虽然不像学历、职业阶层那样明显，但下层和中层的学习时间减少很多，上层减少不多，仍然可以看到差距在扩大。

热情的差距

那么，到底是什么造成了"努力"方面的差距呢？苅谷也为此寻求答案。他提出的一个观点认为，其原因在于"热情上的差距"（incentive divide）。作为"热情"的指标，苅谷使用了上述调查中同意"成绩只要及格就行"这一问题的学生比例。这种对学习自由放任的态度,可以看作与"要取得好成绩"这种积极向上态度的反向态度。

图5-3a显示的就是调查结果。1979年和1997年相比,同意"只要及格就行"的学生比例无论哪个阶层都呈上升趋势,在上升幅度上,社会阶层的下层和中层基本相同,上升了14个百分点,而上层仅上升了9个百分点。结果表明,在1997年,社会阶层处于下层的半数以上学生认为"及格就行",而持此观点的上层学生仅约30%,下层学生比例远远超过上层学生。

图5-3a "成绩只要及格就行"(不同社会阶层)

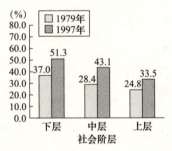

出处:苅谷(2001)

并且,作为学习"热情"的源泉之一,"兴趣"的指标也显示出同样的趋势。从同意"有通过上课想更详细了解的事情"这一问题的学生比例来看,社会阶层越低,感"兴趣"的人越少,而且呈下降趋势(图 5-3b)。

图 5-3b "有通过上课想更详细了解的事情"(不同社会阶层)

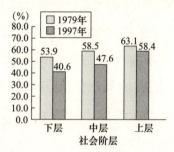

出处:苅谷(2001)

(但是,)热情及被认为是热情源泉的兴趣、关心,并非只存在于每个人的心中。它们也并非存在于社会真空之中,而是受每个人成长环境及其变化的影响。(苅谷,2001)

希望的差距

"努力"和"热情""兴趣"因社会阶层不同而不同,这到底意味着什么呢?不同的人可能会对这一数据有不同的解读,也许有人说"贫困的人努力不够","没有热情",结果产生差距也是没办法的。但是,苅谷的意图不是那样,笔者也有同感。苅谷作为问题的是,日本教育和社会中根深蒂固的"业绩主义"的前提已经崩溃了。

"业绩主义"认为,所谓业绩由本人的"能力"和"努力"构成,业绩优良的人才能在竞争社会中胜出。"有能力""努力的人"就会得到回报,对这种社会的存在方式应该没人持有异议。这才是"机会平等"的根本原理。

当然,业绩主义的前提,就是必须要有"公平的竞争",另一个大前提是,"能力"和"努力"只取决于本人的自由意志和随机的概率。换句话说,"每个人都有聪明的概率","每个人只要努力"就能获得相应的学力。并且,"能力"和"努力"不受儿童是在怎样的家庭中长大这一本人无法改变的"属性"的影响(苅谷,2001)。

但是,苅谷的分析表明,"努力"也受到社会阶层的影响,已经到了高中生阶段的儿童,位于社会阶层下层儿童的想法都从"每个人只要努力……"变成了"即使努力了也不行"。而且,这种差距之所以在扩大,与整个社会经济差距的扩大并非没有关系。

为什么孩子们失去了学习的热情,不再"努力"了呢?汤浅克人(原东京都江户川区福利事务所社会工作者)

以前是社会工作者,现在以志愿者身份创办了学习会,向领取生活保障家庭的孩子们讲授应该怎样学习。他是这样说的:

> 在我们开始学习会的20年前,区政府雇用了很多高中毕业的职员。另外,只要高中毕业,就会作为正式员工被公司录取。……以前,我们对领取生活保障家庭的孩子们说:"一定要上高中!好好学习参加公务员考试!和我们一起做社工吧!"现在不能这样说了,因为就连作为学习会工作人员的大学生,要通过公务员考试也不容易。
>
> 在前途渺茫的时代,没有基础能力的孩子如此之多,无论如何也要努力上高中,一定要高中毕业这种意志也变得不能坚持了。(汤浅,2007)

在进取心的背后有"希望"。正因为有"(连我这样的人)只要努力……"这种希望,上进热情才会沸腾、才会努力。创造出"寄生单身""格差社会"等流行语的家庭社会学者、中央大学教授山田昌弘,用"希望格差"这个词,指出1998年以后,"希望"的两极化,引起了巨大反响(山田,2004)。

山田认为,"希望"是"吃苦耐劳的力量",在这种力量衰退的情况下,年轻人抱着不可能实现的梦想,从而产生了自由职业者和寄生单身(山田,2004)。

> 高速发展时期,"希望"谁都可以拥有。但是,在现代社会,希望已不再是谁都能轻易拥有的了。抱有希望的人和没有希望的人,他们的差距明显拉大了。(山田,2004)

第三节 义务教育再思考

关于儿童在取得更高学历方面的差距问题,有观点认为,这是因为在就业形势不稳定和各种风险加大的社会里,孩子们失去了"希望",丧失了进取"热情",不再"努力"了。这是非常有力的一种说法。但是,从贫困研究的角度来看,讨论今天的"低学历"问题,仅用这个理由来说明是不够的,进一步说,这种说法包含着非常危险的因素。在自由职业者和寄生单身人群中,确实有那样的年轻人,但寄生单身一族本来就生长在可以"依赖父母"这种经济相对宽裕的家庭,自由职业的年轻人所属的家庭经济状况也各种各样。但是,如果把"低学历"的原因归结为"进取心""努力""希望"的减弱，就有可能忽视"没能接受应有教育在于经济因素"这一根本性问题。还有可能做出这样的解释：即使"低学历"和"贫困"有关，那也不是因为经济原因，而是因为"贫困文化（没有进取心、不努力、没有希望的文化）"在蔓延，进一步说，这是"意识问题"，不是政策课题。

但是，如第三章所述，日本的社会政策几乎没有关于"儿童贫困"的对策措施，与其他国家相比，在教育政策方面的支出也控制在最低水平。日本的公共教育制度，与其说依靠国家的支出还不如说依赖个人负担的部分更多，特别是要上公立高中和公立大学等经济负担较轻的学校，或要掌握能获得奖学金的学习能力，就更需要相应增加公共教育之外的投资（补习班等）。对于贫困人群来说，这是两个经济"门槛"。20世纪90年代以后，儿童的贫困率持续上升，面临经济困难的父母越来越多，这种制度设计之下的日本教育体系已无法应对"儿童贫困"。对于贫困儿童来说，这两个经济障碍已经达到无法跨越的高度，甚至还促使他们的思想意识发生了变化。

供餐费、保育费的滞纳问题

其中之一,就是在义务教育层次的公共教育中的个人负担问题。日本国宪法第六条规定"义务教育为免费",但在日本只是中小学的学费和教科书免费,实际上,父母还要付出相当多的费用。根据埼玉县学校事务职员制度研究会"就学援助班"在2006年的估算,在埼玉县公立小学上学,6年时间里,学生家长至少要负担42万日元以上的供餐费、学级费、教材费等费用。其中占比最大的是供餐费,每年41800日元,6年近25万日元。初中3年大约要负担31万日元的费用(松山,2007)。

对于初等教育阶段所需费用,国家给付"就学援助费"。如第三章所述,全国12.8%的儿童领取这项援助(2004年文部科学省调查)。但是,尽管如此,尚未支付学校所要求费用的儿童也不在少数。据2007年文部科学省公布的数据,"中小学相加有99000名儿童滞纳供餐费,总额达22亿日元"。滞纳供餐费的儿童比例最高的是冲绳县,为6.3%,接下来是北海道4%、福冈县1.6%、东京都0.8%(文部科学省2005年度《小中学校实际情况调查》)。还听说,除供餐费外,不能支付修学旅行费和毕业费用（毕业相册等），甚至不能支付小学低年级儿童课后保育费用的事例正在增加（松山，2007）。

在公立保育所，也有滞纳保育费问题。根据厚生劳动省的调查，2006年度全国保育所的滞纳总额为84亿日元，家长的滞纳比例达4.3%。保育所虽然不是义务教育，但对于母子家庭和双职工家庭来说是不可或缺的制度安排。特别是从贫困家庭来说，父母无论如何都必须出去工作，保育所对于孩子的健康发育必不可少。而且，人们越来越清楚，包括保育所在内的学前教育，对儿童的发育成长具有重要意义。但是，托儿所的费用很高，每月需要5万日元的地方也不少见（低龄儿童），因此，大部分地方自治体都对低收入家庭制定了保育费减免制度。

虽然有就学援助费这一制度，但仍然有人不缴纳配餐供餐费；虽然有减免制度，但还有人拖欠保育费。我们该如何面对这一事实呢？政府和大众媒体的主流论调是"本来能付出却不付，这样的父母不负责任"，听说还有地方自治体采取了法律措施。

但是，在第一线能接触到儿童的职员，很多人都说这是儿童父母经济上的问题（小宫，2007；松山，2007；实方，

2008)。实方伸子（全国保育团体联络会）说，"与拖欠家长比例的4.3%相比，拖欠额只占家长负担总额的1.7%，从这点来看，拖欠保育费的家长应该集中在低收入阶层"（同上），指出贫困的增多是拖欠的重要因素。另外，东京的公立小学事务职员小宫幸夫指出，越来越多的家庭陷入贫困，造成更多拖欠供餐费等现象的发生，在学校的运营上需要"更多的公费支出"（同上）。

就学援助费和保育费的减免措施是根据上一年的家庭收入决定的。但每个家庭的很多情况并不是行政部门能简单推测的。比如，有的家庭即使上一年有收入，但现在却有可能被裁员，不再有收入；有的家庭即使收入还算可以，却背负着很多债务；等等。这也是隐藏在拖欠国民年金和国民健康保险保费增多现象中的问题，不应该一概以"父母自己的责任"来了结。

实方还谈到因交不起保育费而不得不让孩子离开保育所，结果导致孩子在父母工作期间无人照看的具体事例。因为父母付不起供餐费和修学旅行费用，可能有的儿童不能参加学校的一些活动，并由此感到凄凉，进而引起欺凌和逃学等问题的发生。另外，由于就学援助费用不能保障小学、初中家长需要支出的所有费用,所以即使领取了援助,也不能参加社团活动和修学旅行。

保育所的目的是"保育缺少保育的婴幼儿"(《儿童福利法》第39条),义务教育的理念是向所有儿童无偿提供初等和前期中等教育,如果这些理念的实施因为父母的支付能力而受到阻碍,那就是本末倒置。

"购买基础学力的时代"

其次,我想补充一下义务教育的内容。教育基本法规定:"作为义务教育进行普通教育的目的,是发扬每个人所具有的能力,打好其在社会上自立生存的基础,以及培养其作为国家和社会建设者所必需的基本素质。"(第五条第二项)"在社会上自立生存的基础"就是指在劳动市场和社会上能够"自立"所必需的最低限度的基础学力。但是,在贫困家庭长大的儿童当中,越来越多的人甚至没有掌握这种基础学力。前面提到的汤浅克人说,在对领取生活保障家庭的儿童讲授学习内容的过程中,常因孩子们学力的低下而吃惊。汤浅还说,在来参加学习会的孩子们中"尽管有些已是初中三年级的学生,但几乎都不能熟练地背九九表",并感叹道"现在已经是购买基础学力的时代了"(汤浅，2007)。

当然，并不是领取生活保障家庭的儿童都缺少基础学力。但是，这些儿童——通俗地说，也许可称之为"差生"的存在，表明并不是所有的孩子都掌握了"在社会上自立生存"的能力。不管是贫困家庭的孩子，还是领取生活保障家庭的孩子，每个孩子都应该掌握最低限度的学力。

一线教师和教育相关人士每天都在为这些儿童的教育而付出努力。笔者在此完全无意指责他们。只是想说，作为国家的教育政策，现在应该再次确认培养"格差社会"中最底层儿童基础学力的重要性。

提高生活在社会最底层的儿童的学力，与提高全体儿童的平均学力不无关系。根据经合组织进行的PISA评估结果表明，在全体儿童学力较高的国家，最低位儿童的学力也较高。图5-4a、b、c显示的是2006年的PISA评估中各国家儿童学力"低位5%""低位10%"……"高位10%""高位5%"的儿童的平均得分。线的倾斜度越大，说明学力差距越大。除了日本以外，作为全体儿童学力高的国家的代表，列举了芬兰和韩国，作为全体儿童学力低的国家列举了美国和英国。

图 5-4 不同学力级别平均分（2006 年）

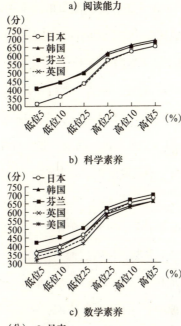

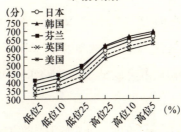

原数据：OECD2006 年 PISA 评估
出处：国立教育研究所编（2007）

笔者关注的是"低位5%"的儿童的分数。首先从"阅读能力"（图5-4a）来看，阅读能力排行（儿童整体平均得分）位居第一名的韩国、第二名的芬兰都接近400分，与之相比，日本（第15名）、英国（第17名）在320分左右，两组之间相差近80分。相反，学力"高位5%"的平均分数为韩国688分、芬兰675分、日本654分、英国653分，总体差距不过20—30分。也就是说，韩国、芬兰与日本、英国之间阅读能力的差距，不是发生在学力水平的"高位"，而是发生在"低位"。

在"科学素养"（图5-4b）中也可以看到类似的倾向。芬兰（第一名）虽然在所有层面上都超过了其他国家的平均分，但与其他国家差距最大的是"低位5%、10%、25%"。芬兰的"低位5%"的平均分是419分，日本（第六名）是356分，相差63分。美国（第29位）的"低位5%"为318分，比日本还低38分。"数学素养"（图5-4c）与其他科目相比，这种倾向不太显著，但总排名同样与"低位5%"排名相一致。

提高学力差距大的底层儿童的学习能力，不仅是对所有儿童的"学习权利"的保障，同时也可以提高全体儿童的学力。

无法让子女接受教育的父母

在义务教育阶段和义务教育之前就发生拖欠保育费和供餐费的情况下，高中和大学的教育费用对贫困家庭来说无疑是巨大的负担。那么，实际上有多少儿童因经济原因而不能接受教育呢？很遗憾，据笔者所知，现在还没有这样的数据。要明确了解这一问题，就必须弄清楚不接受高等教育的理由是"经济上的"还是"学习能力上的"，或者是"不想上学"。

实际上，我们做过类似的调查。笔者和同事们在2003年进行的调查（"社会生活调查"）当中，对有12岁以下子女的361个家庭询问了关于孩子升学的事情，具体设定了"到高中""到短大、高等专科、专科""到大学"几个问题，并请家长在"能让孩子上""不上也可以""（因经济原因）无法让孩子上"及"不回答"的四个选项中选择答案。因为孩子是12岁以下，所以这个问题想了解的是，父母在展望未来的情况下对孩子上学有何考虑。当然，因为调查的对象不是子女，而是父母，所以不能否认子女和父母的愿望之间可能会有差距，但从测算是否能支付教育费用的角度来看，父母的回答更贴近真实情况。而且，在第三选项中明确写出了"经济原因",把不能让孩子接受高等教育的理由集中在经济方面(不包括孩子学习能力不足等原因)。

调查结果如下:"不上也可以"高中为0.6%,短大、高等专科、专科为3.9%,大学为5.3%(图5-5)。几乎所有的父母都想让孩子上高中,还有90%以上的父母想让孩子上大学。从父母的角度看,尽可能让子女接受"高中教育"是"最低限度的教育底线","大学教育"也几乎与此相同。从调查结果来看,第一章中提到的"榜样论"所说的,由于父母自己没有发现教育的价值,所以子女才低学历这种情况,只发生在极少数家庭。

图5-5 如何考虑子女接受教育问题(有12岁以下子女家庭)

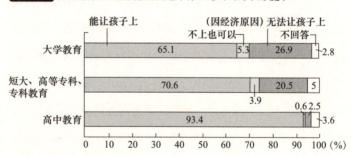

原数据:《社会生活调查》(2003)
出处:阿部(2008a)

那么，本想让孩子接受高等教育，却"（因经济原因）无法让孩子上"的家长又有多少呢？在孩子还不到12岁的时候就认为因经济状况无法让孩子接受高等教育的父母，高中为2.5%，短大、高等专科、专科为20.5%，大学为26.9%。约四分之一的父母想让孩子接受大学教育，却因经济状况做不到。同时，虽然人数不多，就连高中，也有父母觉得由于经济原因无法让孩子上。

认为"（因经济原因）无法让孩子上"的父母是否了解奖学金和贷款制度？如果了解这些制度会选择不同的回答吗？即使了解也会考虑获得奖学金的概率等情况吗？同时，他们考虑到学费以外还有必需的费用（例如为了应试的补习班费用）吗？想到这些细微之处，调查数据还有没能解决的问题。然而，根据笔者对贫困研究的切身感受来说，这个数值反映的情况是真实的。虽然有意见认为，儿童升学接受高等教育需要"热情"和"希望"等意识方面的变化，但是，实际上仍然有些儿童因"经济上的原因"而无法接受自己所希望的教育。孩子还不到12岁的时候，父母就已经有了这样的想法，也许这才是儿童对学习失去"热情"和"希望"的最大原因。

教育的"底线"

生活水平的"最低保障线"被称为"贫困线"。那么,在现代日本社会,"应该最低限度保障的教育(或学力)"设定在什么水平呢?对于这个问题,至今为止的答案是"义务教育"(小学、初中)。但是,如上所述,这种教育政策的前提在坍塌。初中毕业,在劳动力市场和社会上处于绝对不利地位,即使是高中毕业,也很有可能成为"穷忙族"。另一方面,获得高中以上的学历,对于许多儿童来说,由于经济条件的制约,是不可能实现的。这种结构性问题已经在义务教育阶段剥夺了儿童的"热情"和"希望"。

前面说过,日本90%以上的父母都想让孩子上大学。父母的这种愿望与"最低限度保障教育"的义务教育(小学、初中)之间有很大的差距。然而,也许有人会认为这个差距是没办法缩小的。

那么,普通市民认为应该保障所有儿童都能获得的"最低限度教育"在什么水平呢?

这里有一个令人感兴趣的调查结果。(第六章还将详细叙述)。笔者于2008年以普通市民为对象,进行了"儿童必需品调查"(2008年,以20岁以上的成人为对象,做了1800人的网上调查)(图5-6)。调查中对于"在现代日本是否应给予(有愿望的)所有儿童到高中、专科学校的教育"这一问题,有61.5%的人回答"绝对应该给予有上学愿望的所有儿童",超过了半数。另一方面,有35.2%的人回答"最好给予这样的教育,但如果因家庭情况(经济等)没被给予也没有办法",约为回答"应该给予"的一半。回答"不给予也可以"的仅1.6%。对于"到短大、大学教育"的问题,回答"应该给予"的人为42.8%,不到一半,回答"因家庭情

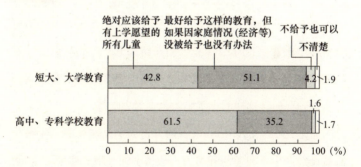

图5-6 应当给予所有儿童的教育(普通市民回答)

资料:《儿童必需品调查》(2008)(对象:20岁以上的成年人,共1800人,网上调查)
出处:阿部(2008b)

况……没有办法"的人为51.1%,回答"不给予也可以"的人为4.2%。

仅从这个调查结果来看,可以说,普通市民的主流看法是,只要儿童有意愿,至少高中(以及专科学校)是儿童应该接受的教育水平。另外,如果把"最好给予这样的教育……"这相对消极的赞成意见也包括在内,大多数人都支持高中、专科学校、短大、大学等高等教育阶段实行免费教育。

第四节 为实现"最低教育保障"

在谈论儿童的差距和教育问题时,经常有人提出应实行免费高中教育。这样的提案已经开始讨论。正如我们已经看到的那样,过半数的普通市民认为高中教育是"所有儿童都应该得到"的,这样的提案笔者也会大力支持。

但是,PISA 的评估和苅谷的分析表明,在初中二年级阶段就已经产生学力差距和努力、热情上的差距,如果是这样,只靠高中以上实行免费教育并不能切断贫困与低学历之间的关联。的确,如果高中和大学都免费,也许会发生意识上的变化,好好学习、努力向上的热情就会高涨。但是,认为初中二年级阶段学力上的差距可以通过意识的变化完全得以消除的想法未免过于乐观。

教育要成为缓解家庭贫困"不利"因素的机制,不仅要"平等地敞开大门",还要更积极地把缓解贫困政策纳入教育政策当中。为此,首先,必须在义务教育阶段尽量避免"贫困不利因素"的表面化,对供餐费和修学旅行费用等学校生活所需的各种费用实行减免,或开展援助活动。而且,还希望政府对集中在贫困家庭身上的各种教育问题投入更多的资源。

此外,本书还想提出一个建议,就是制定学前贫困对策。美国的"启蒙计划"(Head Start)就是范本。美国在发达国家中是儿童贫困率最高的国家,从贫困对策来说,它并不是一个可以成为榜样的国家。但正是因为儿童贫困率高,美国摸索了各种各样的贫困对策,对评估怎样的政策有效积累了多年的经验。其中,受到众多贫困研究者好评的就是"启蒙计划"。

入学前的贫困对策

"启蒙计划"是 1965 年开始实施的针对低收入学前儿童

的教育计划，对象主要是年龄在3岁和4岁、父母收入在国家公布的贫困线以下的儿童。1994年，该计划扩充为"早期启蒙计划"（Early Head Start），增加了针对3岁以下儿童和孕妇的服务。"启蒙计划"常常被误解为一种保育制度，但实际上它是以教育为中心的综合性福利项目。之所以启动这一项目，是因为很多低收入家庭的儿童在义务教育开始阶段，就已经背负着"不利"因素。计划的目的，就是在儿童入学前介入贫困儿童的成长历程，尽早缓解其"不利"因素。

启蒙计划开展的是着眼于"儿童所有方面"（whole child）的综合性服务，其内容不仅包括促进健康成长的教育项目，还包括医疗及牙科的检查、跟踪和营养服务，面向父母的育儿教育项目，以及家庭育儿环境有问题时介绍各种社会服务等，以包括父母在内的儿童成长的整体环境为对象。残障儿童可以优先参加，接受特殊训练及各种福利服务。同时，很多儿童的残障是参加计划之后才被发现的。美国残障的定义比日本更为宽泛，据说在2006年参加计划的儿童中，有13%患有各种身心障碍，其中约有一半是在参加计划之后被发现的。启蒙计划有助于障碍的早期发现和早期干预。

启蒙计划已开展了很长时间，有很多对参加计划的儿童进行长期跟踪、对其效果进行分析的研究。这些研究表明，婴幼儿时期（0～5岁）的贫困与其他年龄段儿童期的贫困相比，对儿童的未来成长的影响最大（Duncan, et al., 1998）。测算启蒙计划的影响发现，参加计划的儿童和没有参加计划的儿童比较，智力（IQ）、学力、高中毕业率、大学升学率、20岁时的工作收入等都高，而犯罪率等消极项目的统计数字下降（Graces et al., 2002）。

摸索日本式启蒙计划

在日本，对开展"启蒙计划"这种项目有赞成和反对两种意见。赞成的观点认为，即使增加儿童补贴等收入保障，效果也是间接的，相比之下，启蒙计划可以让儿童直接受益。在美国也有研究表明，与收入保障相比，启蒙计划这种面向儿童的服务更有利于儿童的成长（Haaga & Moffitt, 1998）。在这个意义上，启蒙计划很有吸引力。反对的观点则认为，把项目对象集中在贫困阶层，可能会造成对参加项目儿童的歧视和偏见。

在日本，已经有与"启蒙计划"效果相类似的政策措施，那就是保育所和幼儿园。尤其是保育所更适合作为"日本式启蒙计划"的"场所"。第一,保育所大多接受包括0岁在内的儿童,行政机构的介入程度也较高,比幼儿园更具福利性质。第二,许多贫困率极高的母子家庭、夫妻都要工作才能维持生活的低收入家庭的孩子们都在上保育所。第三,另一方面,收入较高的双职工家庭的孩子也上保育所,不用担心产生偏见。第四,保育所的保育员、营养师、护士等工作人员,具有儿童发育专业知识,人力资源齐全。因此,保育所恰好是适合早期介入贫困儿童成长的一种制度。实际上,保育所的职员每天都在接触那些家庭的养育环境和生活需要援助的孩子们,在资源有限的条件下努力工作。借用前面说到的实方伸子的话,保育所是第一道儿童"贫困的防波堤"(实方,2007)。

但是,在政策讨论中,很少说到把保育所制度作为儿童贫困的对策。扩充保育所问题,会被放在"支援父母(特别是母亲)就业"的"少子化政策"的脉络上讨论,消除等待入托儿童的数量和延长保育时间等也会被列举为政策课题,但从未听到过要加强保育所"贫困防波堤"功能的呼声。不仅如此,一旦发生拖欠保育费问题,就将之归结为"父母的道德问题",几乎不会把焦点放在其背后的"儿童贫困"上。如前所述,在2004年的三位一体改革中,国家对公立保育所的补助金被划归一般财源,地方自治体必须用自身的财源来运营公立保育所,结果,很多自治体改变方针,对公立保育所实行"民营化"。如果认识到保育所的"日本式启蒙计划"功能,就不应该把"保育服务"作为服务业,而是应作为公共福利的一环来重新定位。

只有在保育所、公立小学、初中实施贫困对策,才能充分显示高等教育免费化的效果。

第六章 思考儿童的『必需品』

第一节　应该给予所有儿童

用"相对剥夺"理论测定生活水平

所有儿童都应该享受的最低限度的必需品是什么？实际上，这就是贫困标准。迄今为止，都是以家庭收入是否达到全社会中值的 50% 这一抽象的贫困标准来讨论贫困问题的。这里，我们后退一步，用"相对剥夺"理论来描绘一下，社会应该保障的所有儿童的最低限度生活是什么。"相对剥夺"是英国在长期贫困研究中产生的方法，为了说明这一点，请允许我做一点学术性的回顾。

英国著名贫困研究学者彼得·汤森（1928 年出生）认为，人类的最低生活不仅是单纯的生物性生存，还包括作为社会成员与人交流，享受人生。他把不能做到这些的状态命名为"相对剥夺"（relative deprivation），并定义为一种"缺乏人们通常能在社会上得到的营养、衣服、住宅、居住设施、工作、环境和地理条件等物质条件，或不能参与人们一般经历或享受的雇用、职业、教育、休闲、家庭活动、社会活动和社会关系"的状态(Townsend, 1993;日译本,芝田,1997)。

而且,汤森从"一周可以吃一次肉或鱼"等基本衣食住行项目,到"一年可以去旅游一次""邀请朋友来家"等社会性项目,共选出60个项目,通过测算这些项目的充足度来推算处于"剥夺状态"的人群的比例。这就是英国20世纪60—70年代的"贫困再发现"。汤森还把"社会其他人的生活水平"这一相对概念作为衡量人们贫困程度的"尺度",带入以前的绝对贫困概念当中。这就是"相对贫困"研究的开始。人要有尊严地生活,就必须有与其所在的社会环境相适应的生活水平,汤森指出达不到这种生活水平的状态就是"贫困",这是对"贫困"的"再发现"。

汤森的研究震动了学界,此后,欧洲各地都进行了类似的研究。英国以外的国家也开展了"贫困的再发现"工作。这一系列的研究还推动了政治议程,促进了欧洲福利国家的进一步发展。

用"相对剥夺"的概念与用第二章中使用的"收入"(有时是"消费")这个一维指标来衡量贫困相比,有两个优点。

第一,相对剥夺不是根据收入和消费推测的"大致生活水平",而是一种直接衡量生活质量的方法。生活水平受当前收入以外因素(如储蓄或房产)的影响,相对剥夺指标是一种在考虑到这些因素的基础上,来测算人们实际享受的生活水平的方法。

第二,相对剥夺具体列出了社会所期待的生活活动,并将是否拥有这些活动作为指标,是一个诉诸人们直觉的概念。根据收入划定贫困标准,说××万日元,可能有人还弄不懂什么是贫困,但即使这样的人,如果向他举出"买不买得起鞋子"的具体例子,他就能理解贫困的定义了。

汤森的相对剥夺概念在贫困研究中具有划时代的意义,但也受到了很多批评。批评之一是,衡量是否处于"剥夺状态"的60项标准是研究人员任意挑选出来的,没有确实的依据。比如,研究人员把"一日三餐""能邀请朋友到家里来"定位为应保障的最低生活的一部分,但这些是否真的需要,不仅受所在社会的影响,还根据每个人的想法而不同。为了解决这个问题,开发出了"共识标准方法"(Mack & Lansley,1985)。

"共识标准方法"不是由研究人员,而是由整体社会选择"最低需要"的项目。具体来说,就是随机抽样选出普通市民,请他们对事先准备的项目清单中的项目是否为最低限度生活所需要一一做出回答,然后只把有50%以上的人认为"绝对需要"的项目作为社会认知的必需品,称其为"社会必需品"。重要的是,这里不是问"你需要××吗?",而是问"在这个社会,普通人日常生活需要××吗?"。比如,腿脚不方便的人觉得"我需要汽车",但这与那个人认为住在日本的所有人都需要汽车是不同的。

读到这里,敏锐的读者可能会想:"什么啊,不就是少数服从多数吗?!"但是,"共识标准方法"之所以在社会科学上也是可靠的,是因为它使用统计手法,检验不同小组之间关于"什么是必需品"是否也能达成某种程度的一致。为什么这么说?因为,"什么是必需品"的答案会根据个人的爱好和需求而不同。比如,20多岁的年轻人可能认为手机是必需品,但30岁以上的人可能不这么想。如果所有20多岁的人都回答手机是"必需品",而所有30多岁的人都回答"不是必需品",那么,手机能否得到50%以上的支持,只能反映人口中年轻人的比重。这时就要使用统计手法,来检验两组的回答倾向是否有差异。要根据高收入群体和低收入群体、女性和男性、住在地方的人和住在城市的人等条件进行各种分组来验证，在判断出没有大的差别的时候，才能将选出的项目称为"社会上达成共识的必需品"。

社会对儿童必需品的支持力很弱小

笔者在2003年和2008年运用"共识标准方法"对普通市民认为在日本社会中什么是必需品进行了调查。在2008年的调查中，特别把焦点对准了儿童，向1800位20～29岁到80～89岁的普通市民询问了"你认为，在当前的日本社会中，给予所有儿童的东西应该包括什么"。调查是在网上做的，样本不太均衡，与普通人口相比，年轻人较多，收入偏高，但可以认为，在回答问题的倾向上没有大的偏差。

调查询问了"为了让12岁的儿童过上普通生活，您认为需要××吗"，答案准备了4个选项："绝对应该给所有希望得到的儿童""最好能给，但由于家里的情况（金钱上的）不能给也没办法""不给也可以""不知道"。调查项目包括"早饭""至少一双不旧的鞋子""（本人有愿望）到高中、专科学校的教育"等与儿童相关的26个项目。表6-1显示的是调查结果。

令人吃惊的是，人们对儿童必需品的支持程度远远低于笔者的预想。在26个项目中，回答超过普通市民半数的有"早饭（91.8%）""去看医生（包括体检）（86.8%）""去看牙医（包括牙科检查）（86.1%）""参加郊游、修学旅行等学校活动（81.1%）""学校配餐（75.3%）""家里做的晚饭（72.8%）""（本人有愿望）高中、专科学校的教育（61.5%）""连环画、儿童图书（51.2%）"这八个项目。关于"玩具""庆贺祝福"等情操性项目，以及"不旧的衣服"等提高儿童自身生活质量的物品，几乎所有的人都觉得"最好能给，但由于家里的情况（金钱上的）不能给也没办法"或"不给也可以"。

虽然有文化上的差异，但就类似项目与其他发达国家的调查相比，日本普通市民对儿童必需品的支持率大幅度降低。比如，"玩具（玩偶、布娃娃等）"在英国的调查中有84%的普通市民回答"需要"，而在日本，尽管加上了"周围的大部分孩子有"这样的话，但对于"体育用品（足球、绳子等）"和"玩具（玩偶、积木、拼图等）"回答需要的只有12.4%。同样，回答"自行车（包括旧的）"的英国为55%，日本为20.9%（小学生以上）。"合脚的新鞋"在英国占了94%，几

表 6-1 关于儿童的社会生活必需品 （%）

	绝对应该给所有希望得到的儿童	最好能给，但由于家里的情况（金钱上的）不能给也没办法	不给也可以	不知道
早饭	91.8	6.8	0.3	1.1
去看医生（包括体检）	86.8	11.2	0.6	1.4
去看牙医（包括牙科检查）	86.1	11.9	0.6	1.4
参加郊游、修学旅行等学校活动	81.1	16.8	0.7	1.3
学校配餐	75.3	16.6	4.7	3.4
家里做的晚饭	72.8	25.3	0.8	1.2
（本人有愿望）高中、专科学校的教育	61.5	35.2	1.6	1.7
连环画、儿童图书	51.2	43.8	2.9	2.1
父母参加孩子学校活动和参观授课	47.8	43.8	5.9	2.4
（本人有愿望）短大、大学教育	42.8	51.1	4.2	1.9
新的文具（铅笔、垫板、笔记本等）	42.0	48.7	7.1	2.2
至少一双不旧的鞋子	40.2	51.2	6.4	2.2
庆贺祝福（特别的晚餐、聚会、礼物等）	35.8	52.4	9.7	2.1
一年去一次游乐园或动物园	35.6	53.6	8.3	2.6
至少一套新衣服（不旧的衣服）	33.7	55.8	8.7	1.9
叫朋友来家里（小学生以上）	30.6	56.3	9.9	3.1
适当的压岁钱	30.6	56.3	10.5	2.6

续表

	绝对应该给所有希望得到的儿童	最好能给,但由于家里的情况(金钱上的)不能给也没办法	不给也可以	不知道
圣诞礼物	26.5	52.7	18.5	2.3
适当的零花钱(小学生以上)	23.1	61.5	12.9	2.5
儿童用书桌	21.4	57.0	19.3	2.2
自行车(小学生以上)	20.9	60.4	15.7	3.0
几年内一次以上的家庭旅行(海、山等)	20.7	58.6	17.7	3.0
儿童房间(初中生以上,包括与兄弟姐妹同室)	17.0	64.9	16.1	2.0
如果父母觉得有必要,去补习班(初中生以上)	13.7	54.6	27.4	4.3
至少去一次兴趣班	13.4	53.3	30.6	2.6
周围的大部分孩子有的体育用品(足球、绳子等)和玩具(玩偶、积木、拼图等)	12.4	65.9	18.7	2.9

注:深色部分为获得50%以上支持。
原数据:《儿童必需品的调查》(2008)(对象:20岁以上成年人,1800人)
出处:阿部(2008b)

乎所有的市民都认为是必需的,而在日本,"至少一双不旧的鞋子"为40.2%。"不是别人穿过的旧衣服"在英国为70%,而在日本,"至少一套新衣服(不旧的衣服)"为33.7%。日本人曾一度被认为热心于教育,本来很期待与教育相关的支持率会很高,但这方面也不如英国。"自己的书"在英国占89%,而在日本("连环画、儿童图书")只有51.2%。

这并不是说只有英国人对儿童生活的关心意识特别强烈。与进行类似调查的澳大利亚相比,也可以看到日本较低的倾向。令人惊讶的是,日本已实现了"国民皆保险",本来所有的儿童都应该可以接受牙科治疗和牙科检查,但是对"去看牙医(包括牙科检查)"的支持率是86.1%。与此相比,澳大利亚有94.7%的人认为"所有儿童都应该接受牙科检查"。尽管澳大利亚公共医疗保险并不包含牙科健康检查。

为什么日本对儿童必需品的支持率低?

看到这个结果时,笔者感到吃惊,但反过来也感到"啊,果然是这样",很能理解。日本的普通市民对儿童能最低限度享受的生活,期待值很低。在大多数人有这种想法的国家,儿童社会支出在发达国家中最低也是当然的事。就连在其他发达国家认为儿童必需的项目,在日本也是"不能给也没办法"。

在这里,作为参考,让我们来看看英国人支持哪些项目吧(表6-2)。"暖和的外套"和"儿童房间(10岁以上)"等

表6-2 英国儿童必需品的支持率（1999） （%）

项目	认为"必要"的比率（父母）
暖和的外套	95
新鲜的水果或蔬菜	94
合脚的新鞋	94
特别日子的祝福	93
自己的床和毯子	93
一日三餐	91
兴趣、休闲活动	90
自己的书	89
学校的制服	88
集体活动（游戏小组）（每周1次）（学前儿童）	88
玩具（玩偶、布娃娃等）	84
至少7条内裤	83
学习用游戏	83
游泳（每月1次）	78
儿童房间（10岁以上）	78
肉、鱼或素食主义者的替代品（一日两次）	77
学校的郊游	74
4件毛衣、对襟毛衣等	71
不是别人穿过的旧衣服	70
至少4条裤子	69
可以玩耍的院子	69
卧室地毯	67
玩具（积木等）	62
休闲用品	60
让朋友来家里（两周一次）	59

续表

项目	认为"必要"的比率（父母）
自行车（包括旧的）	55
至少一周有 50 便士的零花钱	49
学习用的计算机	42
计算机游戏	18

原数据："Omnibus Survey"（1999）(对象＝户主 1855 人)
出处：Gordon et al., *Poverty and Social Exclusion in Britain*（2000）

一些项目，由于气候和住房情况不同，在英国是必需品，在日本并不一定是，但如"新鞋""衣服""玩具"等提高儿童生活满足度的项目，以及"游泳""兴趣、休闲活动"等与教育没有直接关系但可以充实儿童生活的项目，也获得了较高的支持率。英国的儿童真是幸福。

这种差异到底从何而来呢？笔者试着做了几个解释这种差异的假设。第一个假设是，大多数日本人，尤其是上了年纪的人，因为自己有从战争、战后缺乏食物的时代走过来的经历，所以对于现在儿童的相对贫困不能产生共鸣。笔者自己从小也经常听父母说"我们小时候是靠吃南瓜和蔓藤长大的"这样的话。在从战争和高度发展时期走过来的人看来，也许现在的儿童很"奢侈"。也许他们有这样的自负："我虽没有过那样的东西，但是经过努力，也出色地成长起来了。"如果自己贫困的经历如此鲜活地留在记忆里，会影响对儿童必需品的支持率，那么应该是年龄越高支持率越低。可是，对儿童必需品的支持率，20多岁的年青一代和70岁以上的年老一代之间没有什么不同。也就是说，这个假设不太有说服力。

第二个假设是，育儿环境发生了很大改变，如果有人实际上没有正在抚养子女，那么也许他就不知道现在育儿所必需的东西。比如上补习班就是典型的例子。但是，现在抚养子女的人与没有抚养子女的人，在支持率上也没有什么明显的不同。这个假设也不得不撤回。

笔者认为，日本人重视儿童的程度应该不比英国人差。调查结果如此不同，是因为在日本人心底有很多"神话"。如"总中流神话""机会平等神话"以及"贫穷却幸福的家庭神话"。

"总中流神话"让人产生一种错觉：即使孩子现在的生活多少有些欠缺，但与其他孩子也差不多。"机会平等神话"让人相信：无论怎样的家庭状况，只要孩子努力学习，即使只上公立学校，也有相同机会将来获得教育上的成就和职业上的成功。"贫穷却幸福的家庭神话"对人们说教：即使没有富足的物质生活，孩子也能幸福地成长。

当然，现实应该是这样，我也想相信真的是这样。但是，正如第一章所述，实际上，儿童时期的生活、学习能力、健康、成长、生活质量以及将来各种各样的成就（学历、工作、收入、结婚等）之间有着密切的关系。对于这种关系，大多数日本人都感觉迟钝吗？这难道不是"儿童贫困"长期不被视为社会问题、国家也没有采取对策的理由吗？

第二节 儿童的剥夺状态

处于剥夺状态的儿童比例

如上所述，英国贫困研究学家汤森把社会上没有必需品的状况命名为"剥夺"。"剥夺"是社会学家给出的难懂的翻译语言，也许有的读者不明白它的意思，这里再做一点简单的说明。英语的deprivation有"被剥夺什么"的意思，不只是说缺少什么，而是带有"被迫缺少"的语感。本书也用了"剥夺"这个词，请读者理解为"被迫缺少"。要说被什么所强迫，那就是社会、制度、他人。

那么接下来，我们来看看儿童的剥夺状态，也就是，来看看有多少比例的儿童、什么样家庭的儿童被迫缺少社会必需品项目。

表6-3记载的是有12岁以下子女的家庭（361户）是否拥有儿童必需品的情况。数据来自笔者和其他研究人员进行的"社会生活调查"（2003年，对象是从全国居民基本台账随机抽取的2000人，有效回答人数为1520人）。在正式进行这项调查之前，还做了预调查，也就是上边介绍过的"社会必需品"调查（对象是从全国居民基本台账随机抽取的2000人，有效回答人数1350人）。结果表明，得到50%以上支持率的只有3项（"童书、连环画""父母参加孩子的学校活动""高中教育"）。由于只有3个项目实在太少，无法进行有关剥夺的分析，只好追加了其余12项。因此，严格地说，这个清单并不是"社会上达成共识的必需品"。但是，它们是研究人员精心设计的项目，请大家相信，通过测算这些项目的充足程度，可以把握什么样的儿童处于剥夺状态。

这次调查，为了避免有的家庭因不同情况和不同想法，认为清单项目"不应该给予孩子"这种情况的发生，在回答选项上准备了"有""没有（不想有/不想给）"和"没有

表 6-3 关于儿童的剥夺项目

	认为需要人的比率 *1	有 12 岁以下子女的家庭				剥夺率	
		有（父母给）	没有（不想有/不想给）	没有（因经济原因没有/没有办法给）	不回答	有 12 岁以下子女家庭	其中有中小学生的家庭
体育用品、游戏机等玩具	26	84.5	10	5.5	0	6	3
儿童房间	33	62	13	24.4	0	28	18
立体声耳机	15	30.2	52.9	16.1	0.8	35	26
自行车、三轮车	45	87.3	8.3	4.4	0	5	3
童书、连环画	67	97.8	0.8	1.4	0	1	1
每月的零花钱	46	30.2	52.6	14.4	2.5	33	26
每年的新衣服、新鞋	28	87.5	4.7	7.5	0.3	8	8
兴趣班	22	53.2	24.7	19.9	2.2	27	20
补习班	17	26.9	49.6	20.8	2.8	44	35
庆贺生日	46	94.7	1.7	3.3	0.3	3	3
圣诞节礼物	33	90.9	5	3.6	0.6	4	3
父母参加孩子的学校活动	57	86.7	9.1	2.5	3.6	3	2
高中教育	72	93.4	0.6	2.5	1.7	3	2
短大、高等专科、专科教育		70.6	3.9	20.5	5	23	23
大学教育	34 *2	65.1	5.3	26.9	2.8	29	31

剥夺率：（因经济原因没有人数）/（总人数 – 不想有人数 – 不回答人数）
深色部分为预调查时获得 50% 以上支持社会必需品项目
原数据：*1)《福利民意调查》(2003)，其他为《社会生活调查》(2003)
　　　*2) 短大、大学教育
出处：阿部（2008a）

(因经济原因没有/没有办法给)"这3项。即使在某个项目上选择了"没有",但如果没有的理由是"不想有",那么也不会被看作剥夺。通过这样的方法,可以保证"剥夺＝被迫缺少"的"被迫"。不过,这次调查的对象不是儿童自己,而是父母,所以,"剥夺"指的是"父母想给孩子,但由于经济原因无法给予"的状态。

对于有半数以上的人选为社会必需品的3项,虽然大体上所有儿童都"有(父母给)",剥夺率很低,只有百分之几,但事实上,即使在这些项目上,也有不少儿童"因经济原因没有/没有办法给"。有2.5%的家长想让孩子上高中,但经济上也不允许,2.5%的家长不能参加孩子学校的活动,1.4%的家长想给孩子买童书、连环画但买不起。从日本整体情况来看,会有人数很多的儿童处于这种状态。特别是"高中教育",普通市民的支持率最高,认为可以让孩子上高中的父母达到93.4%。但尽管如此,还有2.5%,也就是每40个儿童中就有一人不能上高中。

除此以外的项目,被剥夺的比率从3%(庆贺生日)到44%(补习班),差距很大。"庆贺生日"和"圣诞节礼物"这两项,虽然在预调查中没有被选为社会必需品(支持率为46%和33%），但实际上几乎所有儿童都享有这两项（94.7%、90.9%），在这种情况下，缺少这两项的儿童就会有很大的剥夺感。对大多数儿童来说，最快乐的莫过于过生日和圣诞节了。特别是圣诞节，是大家同时迎来的节日，在学校会说很多"得到了什么"的话题。那时，什么都没得到的儿童会是怎样的感受呢？

在与儿童生活相关的项目中，剥夺率较高的是"立体声耳机（35%）"和"每月的零花钱（33%）"。但是，这两项的特征是，"有"的比例比较低，相反"不想有"的比例较高（要注意的是，这里所说的"不想有"并非从儿童角度的"不想有"，而是父母角度的"不想有"）。也就是说，从整体来看，实际上"经济上不能有"的比例虽然很小，但由于想有的人数也较少，所以剥夺率较高。

相比之下，"儿童房间""补习班""兴趣班""短大、高等专科、专科教育""大学教育"等，尽管希望做到的人比例很高，但"因经济原因没有／没有办法给"的比例也很高。分别有29%和23%的小学生父母认为将来无法让孩子上"大学"和"短大、高等专科、专科教育"。不能上"补习班"和"兴趣班"的比率分别为44%和27%，数值很高。

虽然"补习班"和"兴趣班"作为必需品的社会支持率很低，但是从父母的角度来看，需求非常高。父母希望能让自己的孩子去"补习班"和"兴趣班"，却有很多父母无法做到这一点。这些教育内容都在政府提供的义务教育之外。在现代社会，一方面，有很多父母认为仅有义务教育是不够的；另一方面，又有很多父母由于经济上的原因不能给予孩子这些教育。

最后，表的最右侧栏列出了仅以有小学生的家庭为对象的调查结果。因为项目中包含了不适合用于婴幼儿的内容（补习班、每月的零花钱等），通过限定样本，可以期待结果有更高的精度。两相比较，几乎没有趋势性的变化，只是在剥夺率高的项目，数值略低。但是，在进一步划分家庭类型和收入阶层讨论有子女家庭时，无法区分哪些是由分组造成的各组儿童年龄结构不同而产生的差距，哪些是由于小组属性带来的差距，因此，为了进行更精细的分析，下节开始仅以有小学生的家庭（n＝223）为分析对象。

儿童的剥夺和家庭类型

那么，什么样家庭的儿童"剥夺指标"（缺少多少项目）

比较高呢？首先，我们来看看分类型家庭的平均剥夺指标（图6-1）。这里把儿童所属的家庭分成双亲家庭（父母和子女的家庭）、三代家庭（祖父母、父母、子女的家庭等）、母子家庭3个类型，分别显示了各类型家庭的平均剥夺指标。在母子家庭中，包含了与母亲的父母（从儿童角度看为外祖父母）同住的母子家庭和仅由母亲和子女构成的母子家庭两种类型。另外，样本中也包括了父子家庭，但由于数量很少，这里忽略不计。

图6-1 儿童的剥夺指标：不同家庭类型平均值

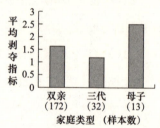

出处：阿部（2003a）

由图可见，儿童剥夺程度最低的是三代家庭，与祖父母同住儿童的生活相对较为宽裕。第二低的是双亲家庭。母子家庭的样本较少（13个样本），不能说得很确定，但从中可见，与三代家庭、双亲家庭比较，母子家庭剥夺程度较大。在第二章、第四章中,叙述了收入方面的贫困率母子家庭最为突出,现在从剥夺指标来看,母子家庭的生活水平也是很低。

图 6-2 显示了 0 的比例和 3 以上比例的剥夺指示,反映出相同趋势,还可以从中读取更为详细的不同类型家庭的剥夺情况。三代家庭与双亲家庭相比,0 的比例虽然差不多,但 3 以上的比例很低。母子家庭剥夺指标为 0 的比例与双亲家庭相比下降了 2% 左右,但 3 以上的比例提高了 30% 以上。也就是说,在三代家庭中剥夺程度高的家庭较少,在母子家庭中剥夺程度高的家庭多。在母子家庭中,缺少表 6-3 所列儿童必需品中 3 项以上的家庭高达 40%。

图 6-2　儿童的剥夺指标:不同类型家庭 0 的比例和 3 以上的比例

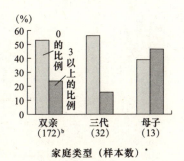

* 以 b 为基础,$p < 0.1$
出处:阿部(2003a)

家长的年龄与剥夺指标

接下来,让我们来看看家长的年龄与剥夺指标的关系(图6-3、图6-4)。在此,所谓"家长"是从家庭生活中主要收入人的角度考虑的,双亲家庭的定义为父亲,只是在母子家庭中定义为母亲。第二章的分析表明,儿童的贫困率(低收入)与家长年龄的关系呈U字形(图2-6)。这种U字形结构,也出现在儿童的剥夺指标当中。儿童剥夺指标的平均值,家长在35岁至49岁阶段最低,家长年龄在25~29岁、50~59岁阶段较高。

图6-3 儿童的剥夺指标:分家长年龄平均值

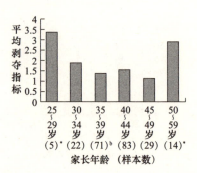

* 以 b 为基础,p＜0.1
出处:阿部(2003a)

图 6-4 儿童的剥夺指标:分家长年龄 0 的比例和 3 以上的比例

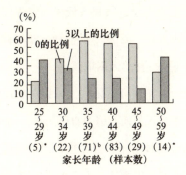

* 以 b 为基础,$p<0.1$
出处:阿部(2003a)

儿童的剥夺与家庭收入的关系

下面,我们来考察一下儿童的剥夺与家庭收入的关系。

英国贫困研究学家汤森进行的剥夺研究,最令人震惊的是,根据"吃不饱""不能招待朋友到家里来"等项目制定的剥夺指标,与收入有着"特殊的关系"。将"特殊关系"图形化,结果如图 6-5 所示。线形图显示的是各收入阶层"剥夺指标"的平均值。

收入越低剥夺程度越高,收入越高剥夺的程度越低(用

图 6-5 来说就是线形图右边下沉），这是谁都能想到的事情。但是，汤森的发现在于，当收入低于一定程度时，剥夺程度会急剧上升。收入有"阈值"，一旦收入低于阈值，生活就会像从下坡路滚下去一样陷入困境。

这种现象，对于研究贫困的人来说可想而知。处于贫困状态的人，由于收入低而要强迫自己工作，结果搞坏了身体，因医疗费过高而卖掉房子，因无法付房租而借高利贷，如此这般，一个"不利"因素接二连三地产生别的"不利"因素，生活便越来越穷困，这是经常发生的事情。

图 6-5 不同收入阶层平均剥夺指标

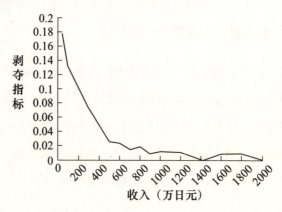

原数据：《社会生活调查》（2003）
出处：阿部（2006）

为避免误会,要补充说明一下。"阈值"并不是说收入低于它的所有人都处于"剥夺"状态。说的是,当收入低于阈值,陷入剥夺的可能性会急剧增加。虽然有很多人收入在"阈值"以下,却没有处于剥夺状态,但是,"阈值"以下的收入确实面临的"贫困风险"增高了。

被视为剥夺与收入关系的"阈值",在英国以外的国家也相继得到确认。在日本,一直没有这方面的实证研究,但现在有了使用上述《社会生活调查》(2003)进行的实证研究(阿部,2006)。实际上,图6-5就是使用在《社会生活调查》中调查其缺少情况的28项"社会必需项目",分析了剥夺与收入的关系。由图可见,日本的"阈值"大致存在于家庭收入400万日元到500万日元之间。这16项当中,如"家庭专用卫生间""出席亲戚的红白喜事"等,是成年人或家庭的必需品,本章的目的是确认同样的关系是否存在于儿童的必需品当中。

图6-6是将图6-5根据表6-3所列儿童的必需品重新制作的。儿童的必需品项目为15项,比家庭整体必需品的16项要少,而且分析对象仅限于有小学生的家庭,因此,图6-6的线形不像图6-5那样光滑。然而,尽管不如图6-5那样明

显，但在图 6-6 中，也可以确认阈值在 400 万—500 万日元收入层。也就是说，无论是成人的剥夺，还是儿童的剥夺，只要家庭收入在 400 万—500 万日元以下，风险就会急剧增加。两个阈值的一致，让人觉得不是偶然。

再来用不同的方法来确认一下阈值。图 6-7 显示的是按家庭收入分别表示剥夺指标为 0（不缺少任何项目）的家庭的比例和剥夺指标为 3 以上（至少缺少 3 项）的家庭比例。0 家庭的比例呈直线上升形状，而 3 以上的家庭比例从 300 万—400 万日元到 400 万—500 万日元之间有很大的落差，可见，这里 400 万—500 万日元也是一个阈值。

有子女家庭的整体剥夺状况

读者看到如此之多的各种数据，也许会想"说什么剥夺指标，不就是和从收入角度看到的贫困结果一样吗"。归根结底，结论就是母子家庭和年轻母亲家庭儿童的生活水平低，所谓剥夺指标和家庭收入有着"特别的关系"，也就是证实了剥夺和收入方面的贫困都指同样的现象。非要说的话，可以说新的发现在于，"阈值"的存在说明收入与剥夺不是线性关系，不能用"低收入＝剥夺"这样简单的图式来捕捉贫困。

图 6-6 儿童剥夺指标：不同收入阶层平均值

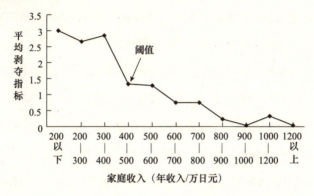

p＜0.0001
出处：阿部（2003a）

图 6-7 儿童剥夺指标：不同收入阶层 0 的比例和 3 以上的比例

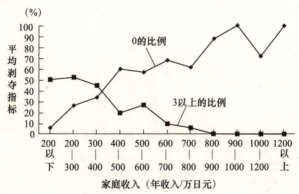

p＜0.0001
出处：阿部（2003a）

剥夺分析也得出了与收入贫困分析不同的结论。当把分析对象从有子女家庭扩大到包括没有子女家庭在内的整个社会时,就可以看到不同的结论。请看图6-8。

图6-8不是用上述有关儿童的15项必需品设定的剥夺指标,而是用所有家庭16项必需品设定的剥夺指标。而这16项作为"社会必需品"都获得了半数以上普通市民的支持,包括"家庭专用卫生间""家庭专用厨房"等与住房有关的项目、"出席亲戚的红白喜事""礼服"等社会生活必需的项目,

图6-8 平均剥夺分数(全部家庭的16个项目)

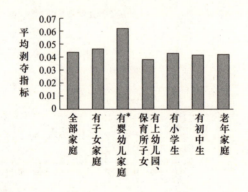

*p<0.05
注:有子女家庭=有初中生以下子女的家庭。
　　老年家庭=户主在60岁以上的家庭。
出处:阿部(2003a)

以及"必要时请医生诊治""为应对晚年生活的养老金保费"等与保障相关的项目。

从图中可以得到两个新发现。一是老年家庭与有子女家庭的平均剥夺指标大致相同。这对于以贫困为主题的研究者来说,是一个令人吃惊的事实。因为,以通常收入贫困率(=低收入率)来看,老年人的贫困率要远远高于儿童和上班族的贫困率(第二章,图2-2)。但是,从用剥夺指标进行的分析来看,不能说老年人的"贫困"率更高。想想看,这也是理所当然的结果。因为"收入"只不过表明当时金钱资源的多少,而剥夺指标则是测算生活质量,生活质量不仅是现在的收入,还包括过去的收入、遗产和人际关系等在内的资源的总和。如果这样,在退休的老年人群中,有的人虽然现在的收入很低,但生活水平却不那么低,这种事情并不奇怪。相反,有子女的家庭,即使目前收入不少,但养育孩子的费用自不必说,还要买房子、积攒财产、为自己的晚年生活储蓄等,各种各样的需求叠加,结果导致家庭生活水平下降。

第二个发现是,有婴幼儿家庭的平均剥夺指标突出。第二章说过的收入贫困率(=低收入率),也使0~2岁儿童的贫困率上升,高于其他年龄层儿童(图2-4),这里可以再次得到验证。前些天，对3岁以下儿童的补贴从每月5000日元提高到10000日元，金额的多少另当别论，育儿期对策特别着眼于婴幼儿期这一点是正确的。

这里想提一下全部母子家庭的剥夺指标。图6-9显示的是不同家长年龄和不同家庭类型的"全部家庭"剥夺指标的平均值。从这里所看到的倾向，与儿童的剥夺指标的趋势几乎相同，但也有些差距，那就是母子家庭的剥夺指标。母子家庭整体的剥夺指标平均值比有子女家庭整体的平均值高出近3倍。虽然母子家庭儿童的剥夺指标也比其他家庭类型高，但并没有高出那么多（母子家庭一般项目的剥夺指标偏离标

图 6-9 **有子女家庭的剥夺指标（一般项目）：平均值**

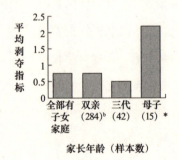

＊以 b 为基础，$p < 0.0001$
出处：阿部（2003a）

准偏差1.1倍平均值,但儿童的剥夺指标偏离0.5倍平均值)。这个问题可以做以下解释:一些母子家庭,即使让整个家庭(这里指母亲)的生活水平下降,也要让孩子过上"和别人一样"的生活。很多母子家庭的母亲,为了不让孩子"感到凄惨",只能自己"忍受"。

第三节 贫乏的贫困观

本书的每一章都反复强调,当务之急是要把儿童贫困纳入政策课题,制定"儿童政策"。但是,要让政策得以形成,不可缺少的是关于什么是儿童贫困的社会认同。只靠"可怜的孩子好像很多"这样的认知,是无法推动政治家和行政机构的。什么样的儿童应该是政策的对象?应该用怎样的方法、进行怎样的援助?要回答这些问题,需要具体地思考所有儿童应该享受的最低限度生活水平是什么。

迄今为止,一些福利工作相关人士和学者,以及几个政党所提出的政策建议,大多都以从收入角度看到的儿童贫困率(=低收入率)为论据,呼吁对有子女的家庭制定援助政策。但是,这些政策建议之所以没能得到大多数国民的支持,是不是因为以收入为根据的相对贫困概念,普通国民不熟悉、难以理解呢?在这一点上,本章所提出的相对剥夺的贫困概念,在寻求人们所思考的"儿童的最低限度生活是什么"这一问题的答案上,是更为直接的方法。其中,根据"共识标准方法",直接向社会征询关于"在这个社会里生活,最低限度的必要品是什么"意见的方法,是思考"应该给儿童什么保障"的重要过程。

可是,根据"共识标准方法"计算的"儿童最低限度生活水平"非常严峻。如上所述,认为有意愿的儿童都应该上短大、大学的普通市民仅占42.8%;高中也只得到61.5%的支持(表6-1)。在这种情况下,即使呼吁"教育平等"和"机会平等"也不会得到支持。不支持"教育平等""机会平等"的社会,是怎样的社会呢?背负着不利因素出生的儿童无法获得机会来克服不利条件的社会,到底是怎样的社会呢?只把自己所在社会的"最低限度生活"设定得很低,没有提高生活水平的意识,那就会促使其不断地"向下循环",最后降低整个社会的生活水平。我们必须首先从改善这种贫乏的贫困观开始做起。

第七章 面向『儿童对策』

第一节 把儿童的幸福作为政策课题

儿童的幸福度（well-being）

2007年，联合国儿童基金会发表了发达国家儿童"well-being"比较报告（UNICEF，2007）。用辞典查到的"well-being"的意思是"幸福、福利、安宁"（研究社，《新英和大辞典》第五版），不只是"幸福"这一主观感情，可以说是一种人的尊严和功能得到保证的状态。因为没有十分恰当的日文翻译，所以，这里就直接用"well-being"。

联合国儿童基金会在报告中用以下6个领域的指标来表示儿童的well-being：①物品充足，②健康和安全，③教育，④家人和朋友，⑤行为和风险，⑥主观满意度（表7-1）。遗憾的是，由于日本相关数据不完善，所以没有出现在报告所列出的21个国家的综合排行榜内。这一关于"儿童幸福度"的国际比较研究结果非常有意思。其中之一就是，大多在某一个领域成绩好的国家，在其他领域也处于良好状况。

表 7-1 联合国儿童基金会关于儿童 well-being 各领域排名（21 个国家）

	六个领域平均排名	物品充足	健康和安全	教育	家人和朋友	行为和风险	主观满意度
荷兰	4.2	10	2	6	3	3	1
瑞典	5.0	1	1	5	15	1	7
丹麦	7.2	4	4	8	9	6	12
芬兰	7.5	3	3	4	17	7	11
西班牙	8.0	12	6	15	8	5	2
瑞士	8.3	5	9	14	4	12	6
挪威	8.7	2	8	11	10	13	8
意大利	10.0	14	5	20	1	10	10
爱尔兰	10.2	19	19	7	7	4	5
比利时	10.7	7	16	1	5	19	16
德国	11.2	13	11	10	13	11	9
加拿大	11.8	6	13	2	18	17	15
希腊	11.8	15	18	16	11	8	3
波兰	12.3	21	15	3	14	2	19
捷克	12.5	11	10	9	19	9	17
法国	13.0	9	7	18	12	14	18
葡萄牙	13.7	16	14	21	2	15	14
奥地利	13.8	8	20	19	16	16	4
匈牙利	14.5	20	17	13	6	18	13
美国	18.0	17	21	12	20	20	
英国	18.2	18	12	17	21	21	20

注： 排名上位　　排名中位　　排名下位

出处：UNICEF（2007）

比如，在经合组织各国当中儿童 well-being 排名第一的荷兰，在"满意度"中排名第一，在"健康和安全"中排名第二，在"家人和朋友"与"行为和风险"中排名第三。荷兰最差的成绩是"物品充足"，排在第 10 位，尽管如此，在 21 个国家中仍然排名靠前。相反，在儿童 well-being 中排名最低的英国，在"满意度""行为和风险""家人和朋友"三项中排名最后，在"物品充足"中排第 18 位，"教育"排在第 17 位，最好的是"健康和安全"，也不过是排在第 12 位。表 7-1 用颜色的浓淡分别表示各领域排名的上、中、下，可以看出，颜色深（下）的部分，集中于表的下部，颜色浅（上）的部分集中在上部。

就是说，在儿童的基本物品没有得到充分的满足，健康和安全受到威胁的情况下，很难实现高层次的教育；在没有接受良好教育的情况下，儿童自身很难过上满意的生活。联合国儿童基金会提出的 6 个领域或多或少都互相影响，只有这几个领域都得到满足，儿童的 well-being 才能实现。

在这种认识的基础上，本章将就追求儿童 well-being 的政策提出建议。出发点就是联合国儿童基金会报告中被评为最末位的英国。英国儿童的状况绝对不能说是很好，但英国政府却能正视这种状况,并制定了改善这种状况的政策。对于今后必须认真考虑儿童well-being的日本来说,英国政府的政策取向非常有启发性。

承诺消除儿童贫困的英国

1999年,英国首相托尼·布莱尔(时任)宣布,在2020年前消除儿童贫困。这不是一个单纯的梦想,而是作为可行的政策目标,制订出了在2004年前把儿童贫困数减少四分之一、2010年前减少一半的计划,并相继出台了相关政策。2001年开始实行了儿童税收抵免(Children's Tax Credit),在短短两年后的2003年,将儿童税收抵免更名为"Child Tax Credit",并开始实施劳动税收抵免(Working Tax Credit)。

仅从儿童税收抵免来看,英国与日本就有明显的不同。英国的儿童税收抵免没有收入限制,即使只有一个孩子,一年也能领取50万日元以上的补贴(减税、税额低于抵免额度时的差额补贴)。日本没有税收抵免机制,虽然有所得税抚养扣除,但最多一年减税11万日元左右,收入越多的家庭减税额度越大。同时,在英国还有降低税率、减免社会保险费等措施,曾一度在保守党执政时期被约翰·梅杰首相取消的最低工资制度也得以恢复,而且额度也提高了。

结果,1999年估算为340万人的贫困儿童数量在2004年降到了270万人(减少21%)。最初提出的2004年的目标虽然没能实现,但是贫困儿童的数量确实开始减少。

日本政府的认识

相比之下,日本怎样呢?在英国首相布莱尔承诺消除儿童贫困的1999年,从经合组织的数据来看,英国儿童贫困率(OECD定义)为13.6%,日本为12.9%。没有大的差别。但是可以说,这个时期,在日本几乎没有儿童贫困是社会问题这种认识。并且,这种情况现在还在持续。

前面提到的经合组织《对日经济审查报告》(2006),已经把儿童贫困率看作问题,但仍然看不到日本政府认真对待的姿态。关于经合组织的数据,日本政府还认为"数据可信度低",日本"与数据显示的2000年情况相比,儿童相关支出增加了,(情况)正在改善"。如果不相信国际机构的数据,就应该在本国拿出可靠的数据来。但是,日本既没有正式的贫困标准,还拒绝测定贫困。仅以儿童相关支出增加为依据,说儿童所处的状态"正在改善",不得不说这种说法缺少说服力。正如前一章所说，这一时期儿童补贴得到了扩充，但儿童抚养补贴却缩小了，国家对公立保育所和就学援助的补助金也减少了。就连扩充的儿童补贴，也没有削减儿童贫困的视角，不过是"少而广"的散发式补贴。

在这期间，儿童所处的经济状况，特别是年轻父母的就业形势恶化，社会保障和税赋负担增加。比起儿童补贴提高5000日元来，儿童的状况受父母是否有工作、社会保障负担的增减、保育所和学童课后保育是否完善、公共教育质量是否下降等方面的影响更大。把原本在社会保障中占很小比例的"有关儿童支出"拿出来，讨论"增加了"还是"减少了"，不能把握儿童所处状况的全貌。

"援助儿童和家庭的日本"重点战略

2007年12月，政府发表了"援助儿童和家庭的日本"重点战略（详情请参照内阁府HP）。重点战略提出，"在今后劳动力人口急速减少，结婚、生育、育儿方面的愿望与现实之间的背离扩大，人口减少等条件下，作为经济持续发展的基础，要同时完成'实现年轻人、女性、老年人参与劳动市场'，'实现国民结婚、生子、育儿的愿望'这两项任务"，打造工作和家庭可以两立的"日本"。比照现行制度,重点战略提出,"今后,在我国面临人口急速减少、劳动力减少等问题的情况下,要完善劳动环境,使每个人都能根据自己的意愿和能力从事工作,提高就业率",同时还指出,"在恢复了生育率的法国等国家,近几年都在开展以充实保育服务等以援助工作和家庭两立为中心的家庭政策",即日本也要完善实物补贴,加强保育所和育儿服务。

从这一战略中看到的"目标"是什么呢?答案很明确。那就是,增加劳动力人口和提高生育率。让正在育儿的女性、男性和老年人参与劳动市场,还有增加未来劳动力的儿童。这就是人口不断减少的日本的重点战略。

的确,在快速少子化的日本,少子化对策是最重要的课题。对于这一点,笔者并不想提出任何异议。但是,在这个战略中,完全没有关怀母子家庭和贫困家庭的内容,没有提到怎样援助那些为了孩子能上高中、大学,同时干两三份非正式工作的母子家庭的母亲,至少让她们在工作日五点以后能回家,有和孩子一起吃晚饭的悠闲时光;没有提到如何让贫困家庭的孩子能专心学习,不必担心上大学的费用。

上班族收入差距的扩大、儿童贫困率的增加这一事实,在研究界广为人知，经合组织等国际机构也指出日本存在这一问题，"援助儿童和家庭的日本"重点战略能对此只字不提吗？重点战略唯一提到的是"实施应对育儿家庭需求的经济援助"，但实际上它会落实到怎样的制度上并不明确。重点战略没有确定扩充儿童补贴、儿童抚养补贴、生活保障的方针，本来有很多可以采取的政策措施，如扩大奖学金和就学援助制度、对低收入家庭免除保育费和高等教育学费、防止儿童学力差距扩大等，可重点战略中却完全没有类似儿童贫困对策的记述。

至少在现阶段，日本政府明显没有把儿童贫困作为政策课题。

第二节 "面向儿童贫困为零的社会"的 11 个步骤

英国"儿童贫困行动小组"（CPAG，Child Poverty Action Group）创立于 1965 年，是已经有半个世纪历史的民间团体。CPAG 中有著名学者和社会活动家，进行研究活动、启蒙活动，提出政策建议，广泛开展针对儿童贫困的运动。英国政府之所以对儿童贫困高度关注，与英国有这样的民间团体相关。

CPAG 于 2005 年发表了题为"儿童贫困为零的社会十步骤"的宣言（表 7-2）。笔者第一次看到这个宣言时，就惊讶地发现，这个宣言有多么适合日本削减儿童贫困。这里列举的基本概念，对于今后出台儿童贫困政策的日本来说也非常有用。因此，下面参照这一宣言，来思考一下"日本版面向儿童贫困为零的社会的步骤"。笔者所建议的步骤是在英国十步骤上增加一步，由十一步构成。

1. 所有政党都提出消灭儿童贫困的政策目标

如第三章所述，与其他国家相比，日本家庭的相关社会支出在 GDP 中所占比重低很多。但是，不应该把这件事本身看成问题。即使没有分类为"家庭相关"的社会保障支出，也能实现儿童的 well-being。即使没有儿童补贴和儿童抚养补贴，如果能构筑确保父母（包括母子家庭的母亲）的高质量的工作岗位，提供质高价廉的保育服务和公共教育，有平等接受高等教育保障的社会就没有问题。

但是，如第二章所述，"格差社会"正在迅速地把儿童生活卷入其中。执政党和政府不应该把儿童贫困率的上升看作对迄今政策的批评，而应该把它作为新的挑战，迎难而上；在野党也不应该把儿童贫困作为批判政府的材料。日本政府

表 7-2 英国儿童贫困行动小组提出的面向儿童贫困为零的社会的十步骤

1. 所有政党都提出消灭儿童贫困的政策目标
2. "关怀贫困的政策"——在所有政策中加入贫困视角
3. 价格和收入哪个上升幅度大,就根据哪个增加儿童补贴和儿童税收抵免的额度
4. 像对儿童收入保障那样增加对成人的收入保障
5. "税收抵免和各种补贴的改革"——进行这样的改革:在适当的时候,向适当的对象,给予适当额度的现金援助
6. 所有儿童完全拥有教育必需品(供餐费、制服、活动费)
7. 包括移民,所有居民都能得到平等的援助
8. 政策不是提供"更多的工作",而是"更好的工作"
9. 提供免费而优质的普惠保育服务
10. 减轻贫困家庭过重的税收和保险费

出处:Child Poverty Action Group HP,笔者翻译

要有一种对这一变化做出敏感反应的态度,至少需要建立可以监测这一变化的机制。因此,需要组建超越党派的儿童贫困特遣部队(工作组)。

2. 在所有政策中纳入贫困视角

如前所述,儿童贫困对策不只是"儿童相关支出"领域的问题。正如第三章指出的那样,日本儿童的贫困率与再分配前(市场收入)相比,再分配后(扣除税和社会保障费后)

要高,是一种逆转现象。这是因为税制和社会保障制度中缺少儿童贫困视角。必须要把纠正这一逆转现象作为政策的首要课题。

几乎所有发达国家都和日本一样,从正在工作的一代人那里征收税金和社会保险费等资金,然后发放给老年人。但是,只有日本,儿童的贫困率在恶化。的确,日本的老龄化率比其他发达国家高,工作的一代人必须要更多地援助老年家庭,这个道理谁都懂。但是,迄今为止的政策讨论,关注的只是工作一代人和老年人的代际间收入转移。问题并不那么简单。已经到了要考虑工作一代人应该由"谁"来负担、由"谁"领取给付,老年家庭应该由"谁"来负担、由"谁"领取给付的时候了。

在第三章的讨论中已经提到,与其他国家相比,日本高收入者的负担低,低收入者的负担高。这种结构应该得到纠正。在工作的一代人中,也有家庭在抚养子女,生活在贫困线以下,对于这样的家庭,至少应该在包括税制、公共养老金、公共医疗保险、护理保险、生活保障在内的所有社会保障制度里加以考虑,避免其负担过重,甚至超过给付(避免其拿出去的钱多于领到的钱)。只有这样,才能消除贫困率的逆转现象。

重复一下,在其他国家,为了不让有子女的贫困家庭负担过重,从制度设计上就考虑减轻负担,即使负担较多,也不会超过给付。这样做的结果,就是成功地在很大程度上降低了儿童贫困率。在儿童贫困成为问题的现在,日本也需要同样的政策关怀。第六章曾指出,如果家庭收入跌破400万—500万日元,儿童的剥夺指标就会急剧上升(图6-6)。从这一点来看,至少应该考虑对这一阈值以下的有子女家庭减轻社会保障制度的负担。

3. 重新评估儿童补贴和儿童抚养补贴

只纠正贫困率的逆转现象,还不能解决儿童的贫困。日本的儿童贫困率,在收入再分配之前就超过了10%,这一情况的恶化,是20世纪90年代以来儿童贫困率上升的主要原因(阿部,2006)。要通过政府的介入减少贫困率,不仅要减轻有子女贫困家庭的税收和社会保险费负担,还要提供超过其负担额度的补贴。

现在对有子女家庭发放的有儿童补贴、儿童抚养补贴、生活保障等。如已在第三章详细叙述那样,现在这些制度并没有在减少儿童贫困率上发挥充分的作用。应该用怎样的方法、对什么样的儿童提供现金补贴,这些问题另当别论,首先,要重新讨论一下补贴的额度。

在包括教育费在内的儿童抚养费飞快上涨的今天,每月5000日元的儿童补贴正在失去意义。为了儿童的"最低保障"生活水平,需要多少费用?要回答这一问题,只讨论"现在的两倍",或"比其他国家高(低)"是没有意义的。需要的是第六章那样的国民讨论。

4. 对成人的收入保障

英国自1999年发表消减儿童贫困宣言以来,创立了以有子女家庭为对象的各种收入保障制度。但是,CPAG的第四个步骤指出,仅以儿童为对象的制度不能消除儿童贫困。其理由是:第一,儿童的well-being受所属家庭的整体收入左右。这种认识理所当然。第二,现在虽没有子女,但今后会有子女家庭的贫困,将给子女的well-being带来影响。这里强调的是必须要从完善儿童出生的环境开始做起。

在日本,年轻人的贫困和雇佣的非正规化进展,使很多年轻人处于连孩子都不能有的状态。可能很多人认为,在财政状况本来就很严峻的情况下,不可能有又管儿童又管成人的大手笔。但是,从增加儿童数量这一少子化的观点来看,这第四个步骤也是不可或缺的。

5．税收抵免和各种补贴的改革

英国儿童贫困率之所以减少,还与政府对有子女家庭大幅度扩充"带补贴税收抵免"制度有关。现在的英国,除了上述儿童税收抵免、劳动税收抵免以外,还有面向有子女贫困家庭的各种各样的补贴和制度。

关于带补贴税收抵免,在下面一节作为建议做了归纳整理,请参考。

6．完全拥有教育必需品

这一提议的亮点在于,指出了让儿童接受完全的教育,不仅要免除学费,还要支付供餐费、活动费等与学校生活相关的各种经费。为让儿童最大限度获得教育的益处,只开放校门是不够的。必须要想办法,让孩子开心地去学校,享受学校生活。供餐自不必说,相应的仪容、社团活动、郊游等,也是"教育的必需品"之一。不能只拿学校生活所需费用的一部分,作为"父母的责任"。

再重复一下,应该把初等、前期中等教育(也许近几年还包括高中)作为"儿童的权利"来看待。如何处理所需成本的问题,不应该始终停留在"父母有能力支付吗""为什么还没支付"这种讨论上,首要的是应该根据实际上有的儿童无法支付的现状,来考虑应对办法。

7. 所有儿童都能得到平等的援助

笔者曾在第五章指出,需要制定与儿童家庭类型无关的"儿童对策"。这其中不仅包括双亲家庭、父子家庭、母子家庭等家庭类型,也包括正在增加的外国儿童。并且,应该避免进行是双职工夫妇还是专职主妇(丈夫)家庭的区分。

这里想提出一种理念:把政策对象从"家庭"转移到"子女",制定针对有子女家庭的一体化"儿童对策",提高所有儿童的 well-being。

通过这种方式,可以把"少子化对策""母子家庭对策""工作生活平衡""促进女性参与劳动对策"等所有涉及育儿问题,但目标并不相同的政策整合到一起。应该消除一边讴歌"工作生活平衡",一边又迫使母子家庭的母亲进行繁重劳动这样的矛盾。

政策与政策之间的漏洞也有很多。比如,母亲是家庭主妇的贫困家庭,母亲出去打工,收入可能会有所增加,但是考虑到要支付保育费用,打工也不会对家庭经济有多大帮助。母亲不在家,对孩子也不利。根据孩子的情况不同,有的孩子青春期是微妙的时期,可能需要特别的关怀。最能对孩子需要的"关怀"做出恰当判断的,不是行政机构,而是母亲。有的母亲由于经济上的原因必须工作,却不能对孩子进行真正的关怀;有的母亲真的想工作,却因没有恰当的保育援助而不能工作。政府的作用不就是要改变这种状况吗?哪怕是一点点。

8.不是"更多的工作",而是"更好的工作"

在欧洲各国,无业家庭(家里没有人工作的家庭)的比例高被看作儿童贫困的重要原因。也就是说,失业家庭和依靠生活保障的家庭提高了儿童的贫困率。根据笔者的推算,2002年,日本属于家里没人工作家庭的儿童(18岁以下)的比例是2%,而英国是17%,法国是10%,德国是11%。

20世纪90年代,欧美各国提出"工作福利"(通过就业得到的福利),相继出台了特别是援助母子家庭中母亲就业的政策(有的国家还包括"不工作就不给补贴"这样的制裁性措施)。本书不对工作福利的详细情况做过多的说明和评价,这里想指出的是,日本儿童的贫困问题并不是困扰欧美的"失业问题",而是"在职穷人"(穷忙族)问题。因此,不可能把欧美"工作福利"的办法原封不动地复制到日本。

这第八个步骤，对日本来说，是比英国更重要的步骤。不是"多"，而是"好"的工作。"好"中不仅包含收入好，还包含"体面"（decent）的意思。就是说，无论是母亲还是父亲，都能在"体面"的时间回家，享受养育子女的乐趣，并且拥有能够得到"体面"薪水的工作。

请大家回忆一下第二章指出的问题。日本的双亲家庭，在一人工作的情况下贫困率低于经合组织平均水平，两人工作家庭（双职工家庭）的贫困率也与一人工作的家庭没有很大变化，在经合组织平均水平的两倍以上。就是说，女性（母亲）的收入对削减贫困率几乎没有作用。在其他国家，如果双亲家庭父母两人都工作，贫困率会大幅降低。日本母子家庭的贫困率突出也是缘于同样的理由。

现在的日本劳动市场，"体面的工作"越来越少。无论对男性还是对女性，都要增加"体面的工作"，这才是彻底解决儿童贫困的最好方法。

9．提供免费而优质的普惠保育服务

日本有公立保育所，尽管很多市、町、村还有等待入托、入园的儿童，但上小学前需要保育的儿童可以去公立保育所。这是件了不起的事情，是应该给予好评的政策。但CPAG提倡的是更前进一步的保育政策。那就是"免费且优质"的"普惠"保育。

首先，日本应该真诚地接受保育费的滞纳比率达4.3%这一事实，尽快查明实际情况。如前所述，关于拖欠保育费问题，媒体的主流论调是父母有支付能力却不支付，但考虑到拖欠人群集中在低收入阶层这一情况，不能用父母自己负责的说法来回避问题。事实上，还有报告说，有的儿童被迫离开保育所，在父母上班期间，处于无人看管的状态。这种情况恰恰说明，本来应对"缺少保育"状态的儿童提供保育这一保育所的目的，被"支付保育费"这道门槛妨碍了。学费的问题也是如此。不能因为父母缺少支付能力或对不支付费用父母的制裁，而侵犯儿童的well-being。

许多国家保育费基本上是免费的。也许会有经济学家担心，如果免费，人们就会蜂拥而至，把孩子托付给保育所。但是否能进保育所现在已经由市、町、村决定，应该不会发生那样的事态。如果免费，还有一个财源怎么办的问题。实际上，现在对儿童人均保育费已经投入了相当多的财源。如果认可第五章中所说的"启蒙计划"，把保育所的功能作为最初的贫困防波堤，那就需要投入大量的财源。也许还有一种说法，就是高收入的父母也把孩子放到保育所，如果免费，他们就占了便宜。笔者的意见是，儿童政策所需费用应该由社会全体成员来承担，而且，应该采用与社会成员各自的经济能力相匹配的方法累进征收。

10．减轻过重的税收和保险费

在第三章（表3-3）中已经显示了日本低收入层（在职人员）不得不承受比其他国家多的负担。相反，高收入层虽然收入份额不亚于其他国家，但负担比例最少。至今为止，有关日本社会保障的负担与支出的讨论，大多以在职人员对退休老年人这种方式来进行。但是，在贫富差距日益显著的现在，仅是如此还不够。为了削减儿童贫困，不仅要增加支出，还要减轻负担。为此，税制改革、社会保障制度改革不可或缺。

在税制方面，需要考虑不要过度地让贫困家庭来负担今后可能增加的消费税。消费税与所得税不同，它不论收入多少，对所有人都是同样的税率，所以它是对贫困阶层不利的税种。为了减轻贫困阶层的负担，也有对食品等生活必需品轻减税率的方案，本书想提议的是下一节介绍的"带补贴税收抵免"。

同时，还需要进行社会保险改革。现在国民年金、国民健康保险当中对难以支付保费的人们有减免措施，但尽管如此，不缴保费、拖欠保费的人还是层出不穷。根据最近厚生劳动省发表的数据，未缴纳国民年金保费的比率是34%，滞纳国民健康保险保费的比率是19%（社会保险厅调查）。特别是，在国民健康保险的被保险人中也包括属于那个家庭的儿童。也就是说，如果不缴保费，意味着有不被公共健康保险覆盖的儿童。但是，在社会舆论中，国民年金、国民健康保险的未缴纳保费问题也与拖欠保育费、学费一样，认为是个人责任的意见占主流。因此，只有加强催收保费和扣押资产的政策受到了关注。实际上，很多评估未缴纳保费问题的研究表明，家庭收入低和失业是未缴纳保费的主要原因（铃木，2008）。

如前所述，虽然现在很多自治体在推进儿童医疗免费化，但是由于地区差距太大，有的自治体还完全没有这样的制度。如果有的儿童没有健康保险，有的儿童因无法支付本人负担的30%医疗费而不能接受恰当的医疗，那么可以说，日本的人人"皆保险"制度已经崩溃了。

因为国民年金和国民健康保险的保险费或都相同，或是均等分配（按人头分配）的比例大，所以对贫困层来说是"高昂"的保费。需要对保险费减免措施的效果和应有的方式重新进行评估。关于厚生年金和健康保险，也需要探讨保费的负担方式。增加高收入层的负担，减轻低收入层负担的一种方法，就是取消保费的上限。因为现在保险费额有上限，所以无论收入多高也不会被征收超出上限的保费。事实上，美国公共医疗保险保费的上限已经被取消了，在日本也没有不讨论这一问题的理由吧？

11. 财源由全社会承担

最后的步骤，是附加到CPAG十个步骤之后的建议。日本的家庭相关支出中包括雇用保险的育儿休假补贴、健康保险的生育一次性补贴等不少属于社会保险制度范畴的支出。因此，43300亿日元少子化对策费用（2007年度）的财源，包括国家（11500亿日元，27%）、地方公共团体（23400亿日元，54%）等公共部门的财源，还有企业主（5100亿日元，12%）和被保险人（3400亿日元，8%）所负担的部分。但是，看一下其他发达国家，财源构成有很大的不同。虽然德国100%依靠税收，但在瑞典和法国，相当大的部分由企业主承担（图7-1）。

图 7-1 家庭相关支出财源构成（推算）的国际比较（2003年度《日本2007年度预算》，占 GDP 比重）

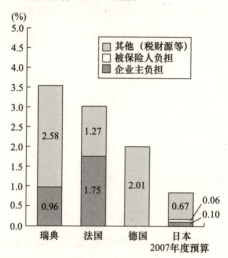

出处：内阁府（2008）《平成20年版少子化社会白皮书》

在日本，近年来企业主在儿童费用方面的负担减轻了。譬如，从0岁到3岁儿童的补贴财源的一部分由企业主承担，但2000年以后，作为"少子化对策"大幅度扩充的部分全部由国家和自治体承担，企业主的负担没有增加。原本儿童补贴在创立时就带有弥补企业内部产生的工资差距的含义，但现在这种观念淡薄了。

对经济界来说，未来的劳动力不足是严重问题。尽管如此，一方面，因担心劳动力不足，求助于国家的"少子化对策"，而另一方面，通过非正规化就业让劳动者陷入贫困，掐断了这些家庭孩子们将来的希望和前途。这难道不是太矛盾了吗？

第三节 几个处方

带补贴税收抵免

在针对有子女家庭的援助政策方面，近年来发达国家加强了税收的优惠措施。儿童补贴作为社会保障制度的一部分日益普及，各国相继在税制方面采取优惠措施，精准帮助贫困家庭和多子女家庭。其中，最有效的措施是"带补贴税收抵免"。所谓"税收抵免"，是减少应缴税额度的一种制度。

日本广泛实行的"所得税扣除"是减免应纳税收入额度的政策，实际上减免多少税金，因个人的税率而不同。譬如，有抚育子女的家庭，目前，每个子女有38万日元的抚养扣除，税率10%的人可减少税金3.8万日元，税率20%的人减少7.6万日元税金。也就是说，收入越多、税率越高的人，得到的益处越大。大多数贫困家庭收入都较低,一般达不到纳税水平,对于这些家庭来说,所得税扣除制度并没有带来任何益处。

但是,"税收抵免"是直接减轻应缴纳所得税额度的制度,无论哪个收入阶层都能得到同样的益处。假设税收抵免额度为10万日元,那么,应该缴纳100万日元所得税的人的缴纳税金就变为90万日元,应该缴纳10万日元所得税的人所得税则成为0日元。特别引人关注的是"带补贴"的税收抵免制度:如果应缴纳税金额度少于税收抵免额度,就可以从国家领取其差额部分。也就是说,如果收入低,所得税额为0日元,就能领取全额税收抵免。

20世纪90年代,美国、英国、加拿大、荷兰等国相继建立和加强这种带补贴的税收抵免制度。最近,韩国也从2008年开始实行。制度的适用对象,虽然有的国家规定父母必须工作才能享受这一制度,有的国家根据子女人数补贴额度不同,但共同的一点是,都主要把有子女的贫困家庭作为对象。比如,最早的美国劳动所得税抵免政策(EITC)以有17岁以下子女的劳动家庭为对象,如果有两个子女,最多可抵免4716美元(55.2万日元,1美元=117日元),一个子女抵免2853美元（33.4万日元）的税额。实际上，总抵免额的约80%都是补贴。由于实行了EITC，美国的儿童贫困率大幅度下降。除此之外，美国还制定了收入限制较为宽松、以中等收入为对象的儿童税收抵免（CTC）和保育抵免等税制方面的补贴制度。英国的制度前面已经讲过，与美国的制度相比，它的特点是不设收入限制的普惠制度，也没有把父母工作作为条件。

讨论以消除儿童贫困为目的的收入保障制度，带补贴税收抵免这一措施是强有力的备选。

因为，第一，已有的生活保障和儿童抚养补贴等以生活困难家庭为对象的制度，有严格的收入限制及其他领取条件限制，不仅极具选择性，而且人们往往对领取这些补贴持有偏见。税收抵免在所得税制度内进行，无须社工上门，也不必去福利事务所，不易被人知晓。还由于它是新创建的制度，人们对接受这一制度的补贴还没有负面印象。实际上，美国领取EITC的比例要远远高于领取公共救济的比例。

第二，人们常常提起的照顾低收入人群制度，有最低工资和消费税减税（对一些物品设定低于通常的消费税率）等制度，从广义上讲，这些制度措施的确对低收入人群有益，但它也会给非低收入人群带来益处，所以从财政角度讲效益不高。例如，丈夫很富裕的家庭主妇出去打零工也可以享受最低工资制度。即使为减轻低收入人群的负担，对食品等生活必需品设定低于通常水平的消费税，但实际上高收入人群也购买食品（有时比低收入人群买得还多），他们就是制度设计之外的受益者。而税收抵免可以精确地以特定类型的家庭为对象，效率更高。可以针对是有3个子女的贫困家庭还是有6岁以下子女等不同的家庭情况，根据制度设计灵活采取措施。另外，补贴额度也可以不一刀切，采取收入超过一定数额后递减等制度措施（在美国、英国等国，抵免额度随收入减少）。如此看来，带补贴税收抵免是非常"方便"的工具。

第三，税收抵免的好处在于是新建立的制度。虽然现在有儿童补贴这种对有子女家庭进行收入转移的制度，但儿童补贴给人的印象是"普遍"的、"均等"的（对所有人实行相同额度的补贴制度），而且，现在的儿童补贴中有一部分由企业负担，财源也很复杂。与其重新设计儿童补贴制度，还不如新设立一种制度更容易被人们所接受。

那么，具体应该怎样设计这个制度呢？

如果在有子女家庭中贫困程度最高的是母子家庭这一情况的基础上来设计，最好是对一孩以后所有子女进行补贴。如果以相同的财源规模来进行，收入限制越低对低收入家庭越好。但实际上，有子女家庭应纳税收入往往都很低，即使收入限制设定得很低，有子女家庭也几乎都会成为对象。

笔者在与中央大学教授森信茂树等人一起举办的研究会上对带补贴税收抵免方案做了模拟，对所得税的抚养扣除和配偶扣除分别减去20万日元，以此作为财源，向有18岁以下抚养子女、应纳税收入在200万日元以下的家庭进行"带补贴税收抵免"（森信编，2008）。结果表明，每年可以向每个儿童支付5万日元的税收抵免。每年5万日元还不到现在儿童补贴额度（12岁以上每年6万日元），当然不能指望在很大程度上减少贫困率。当然，为改善儿童的贫困状况，不能以税收中立为前提，把现在的抵免额度从这里移到那里，而是需要投入更大规模的财源。但是，即使是这么小的改革，也能促进收入由高收入层向低收入层的有子女家庭转移。方案模拟的意义在于，指出了今后税制改革的一个方向。

公共教育改革

有关教育改革的整体情况,有很多教育专业的学者发表了见解,请读者参考他们的论述。笔者不是教育学家,这里只想从贫困研究者的角度,提几个简单的建议。

首先,如前面 11 个步骤中第六步所述,为保障日本儿童都能享受最低限度的教育,要切实保障儿童都能完全到达义务教育水平。为此,需要把供餐费等作为教育费的一部分来考虑。虽然现在有就学援助费制度,但应该把这些费用纳入教育费当中来。为了让所有儿童都能有"在社会上独立生活的基础"(《教育基本法》第 5 条第 2 项),要扩充义务教育。还包括要对家庭情况不好的儿童进行有条件优厚的援助。其中之一就是类似第五章中所说"启蒙教育"那样的保育改革。应当承认保育所是儿童面对贫困问题的"最初堡垒"这一事实,并投入相应的财源。

作为下一步,应该考虑确立到高中的教育权。正好目前在野党在讨论要制定"免除高中、大学学费"的政策。如果把"义务教育"作为走向社会、进行独立生活的最低限度"起跑线",从现状来看截至初中的教育很难做到这一点。现在的劳动市场，对初中毕业生和高中退学的人非常不利。根据笔者进行的调查，一半以上的普通市民认为所有有意愿的儿童都应该接受高中教育，根据这点来说，这里提出的建议并不出格。

但是，"保障到高中的教育"并不仅仅是免除到高中的学费。如前所述，贫困家庭儿童面临的学力问题，不仅仅是因为缺少教育费用才产生的。需要的是提高学习热情和能力，并能解决其背后由家庭经济问题所衍生出来的各种问题的"教育"。不然，就只是给"初中毕业"和"高中退学"贴上"高中毕业"的标签。据说，韩国高中毕业生的大学升学率是84%（《统一日报》2008年9月1日），但大学毕业人群中也有"穷忙族"（NHK《在职穷人Ⅲ——解决之道》2007年12月16日播放）。这是被称为"学历通胀"的现象。

近年来，几所知名大学对研究生教育实行了免费。这些大学实行研究生院免费，与其说是帮助贫困学生，不如说是为了聚集优秀学生，但不论目的是什么，这都是应该受到欢迎的趋势。但是，笔者认为没有必要让所有的孩子都去上大学，而是应该让所有想上大学的孩子都能上大学。与此同时，还要让那些没有选择上大学的孩子们也都能掌握可以赖以找到"像样工作"的"最低限度的教育"水平。为此，还需要进行劳动市场的改革,更需要公共教育的改革。

第四节　需要的不是"少子化对策",而是"儿童对策"

不少人认为有关儿童的对策是"少子化对策"。如此前所述,在制定政策的过程中,欧美各国把儿童贫困作为重要的政策课题,相比之下,日本几乎没有"儿童贫困"这一视角。实际上,日本在发达国家当中长期保持较低的失业率,有子女家庭的收入比较均衡,比老年家庭和单身家庭富裕。在这种情况下,针对儿童贫困的政策优先程度降低,推动以生育率下降、劳动力减少等当下少子化问题作为最重要课题的家庭政策,也可以说是理所当然。因此,在有关日本儿童的对策菜单上,出现的是提高女性和男性的育儿休假率,扩充保育所,扩大儿童补贴对象(不增加人均补贴额度),等等。这些政策的目的是,帮助女性实现工作和育儿的并行,通过"工作与生活的协调"完善人们生育子女的环境。日本政府把2008年称为"工作与生活协调元年",以进一步加强少子化对策。

当然,很多人都承认,对于人口开始减少的日本来说,增加孩子数量是政策课题，打造便于育儿的环境很重要。但是，这些政策都是通过推动父母就业、减轻压力、增加生育率和推动女性进入劳动市场来促进劳动人口增长，是为"父母"或为"国家"的政策。借用立教大学准教授汤泽直美的话来说，"缺少对儿童本身的关注"（《东洋经济周刊》2008年5月17日）。

本书想提倡的是"为了儿童幸福（well-being）的政策"。**政策的目标不仅仅是增加儿童的数量，还要增加幸福儿童的数量。**我们需要的不是"少子化对策大臣"，而是"儿童大臣"。

为了追求所有儿童的幸福，必须要关注急速进展的儿童贫困状况。近年来，终于在政治场合作为政策课题提出了儿童贫困，但即便是现在，日本直面这一问题的人还很少。不管父母的经济状况和家庭环境如何，要给予所有儿童幸福健康成长的场所和教育的机会，这才是政策最重要的课题，而且，它的目的并不局限于家庭政策的范畴。虽然把儿童补贴从5000日元提高到10000日元，但同时又增加了社会保险费和税赋的负担，推动劳动市场的非正规化，在这种情况下，儿童的状况就会进一步恶化。如本书所述，儿童贫困率的逆转现象,最能说明日本目前所采取的政策不过是"少子化政策",而不是"儿童政策"。

在本书所阐述的内容中,特别要强调的是,**社会应该保障所有儿童享受的最低限度的生活和教育**。尽管日本人认为的"儿童最低限度生活"与其他发达国家相比水平较低,但即便如此,现在仍有儿童不能得到满足。义务教育(最低限度的教育)、医疗制度、最低生活保障等,这些被认为已经在战后日本的经济增长和社会保障发展过程中实现了的防止贫困安全网,业已无法充分发挥作用。恢复这些安全网的功能,事关儿童的 well-being,也能够增加幸福儿童的数量。

本章针对减少儿童贫困的具体方案进行了讨论,其中也包括一些大胆的建议。精通于制定政策的读者,也许会批评说这些建议内容过于大胆,但笔者还是出于自由的设想提出了建议。如果本书成为讨论"儿童对策"的出发点,笔者会非常高兴。

后　记

　　1998年2月，新宿车站西口的"纸箱村"消失了。直到数周前，这里还是"纸箱房"搭建起来的"村子"，有超过200名无家可归的人在这里生活，躲避寒冷和危险。建在东京都新中心的正中央，而且是东京都厅脚下的这个"村子"，把泡沫经济崩溃后日本存在的"贫困"摆在了市民面前。住在这里的人们没有屈服于政府多次"强行拆除"的危机，为守护最后的生活场所进行了拼命的"斗争"。

　　可是，迫于火灾的厄运和"自主拆除"这一最大限度可供选择的方案，某一天，村子突然消失了，那里成为被挡板围住的了无生气的空间。

　　对于这个不协调的空间，行人就像什么都没发生过一样，看都不看一眼就走过去了。很多人在此生活过这一事实，没有留下任何痕迹。就这样，虽处在社会底层但仍竭尽全力生活的他们的"生"被忘却了。

现在的社会,把"贫困"作为"丑恶之物"赶到看不见的地方,用"自我责任"这种解释让人们说服自己,甚至把它排除到意识之外。我伫立在挡板前,一动不动。可以说,我贫困研究的开端就在这里。

我想收集数据,让更多的人理解日本贫困的现状。这就是我的研究主题。

从那之后过去了10年,这本书将要出版了。在此期间,"格差社会"一词用起来已理所当然,进入2008年以后"贫困""穷忙族"等词也随处可见。这也许表明,"贫困"作为社会问题正在被人们所认知。另一方面也说明,"贫困问题"越来越严重了。但是,正如"格差争论"业已平静所表明的那样,"贫困争论"也有可能在没有实质性政策转换的情况下,以一时的热闹而告终。对于"格差"和"贫困",仅以"上流""下流""胜者""败者"这种形式贴标签,用一种"游戏"般的关心来讲述,"贫困"和"格差"也会和新宿西口的无家可归的人们一样,不知不觉就"看不见""说不着"了。这不是因为消除了"贫困"和"格差",而是因为社会看它们看得厌倦了,不再看了。

*

本书即将出版之际,心里某个角落总有件事放不下。那就是,本书以"儿童的贫困"为题材,没有把焦点放在日本社会存在的其他年龄层的贫困上。正如第二章所述,日本社会贫困率最高的是老龄阶层,处于可称为赤贫状态的无家可归者大多是50多岁的人,在网吧等场所生活的没有稳定工作的人们大多是二三十岁的年轻人。"儿童的贫困"不过是日本贫困问题的冰山一角。

尽管如此,我还是把焦点集中在了"儿童的贫困"上,这是因为建议贫困对策之际时常产生的与"自我责任论"之间的紧张感,在谈论儿童的贫困时,不会那么强烈。另外,虽然不是"先有蛋还是先有鸡"的问题,但还是因为考虑到,应对儿童的贫困,切断贫困的连锁反应,以后成年人的贫困也会得到缓解。我想强调的是,把焦点集中在"儿童的贫困"上,绝不是说单身女性、完成育儿后母子家庭的母亲、老年人的贫困问题不严重。

*

在执笔此书的过程中,得到了很多人的帮助。岩波书店的上田麻里女士在"儿童的贫困"如此引人关注的一年多前就通过了出版计划，在临近截稿之际，我给她添了很多麻烦，在此深表歉意。我的助手进藤理惠小姐和福山洋子小姐，从数据的输入到文章的校对，一直帮助我这个散漫的人，在此对她们平时的支持表示感谢。

如果没有参加2006年"母子家庭生活变化调查"的NPO法人单身母亲论坛、NPO法人单身母亲论坛（关西）、NPO法人单身母亲论坛（福冈）、手拉手之会、NPO法人Wink、母子寡妇福祉相关三团体以及回答调查问题各位的协助，这本书就不能完成。调查问卷的留言中有很多令人不禁含泪的内容，但由于版面的原因没能全部引用。对引用了的各位和没能引用的各位，表示深深的感谢。

另外还想说明，本书的大多分析受到厚生劳动科学研究费的资助，是已经在学术刊物上发表过的研究成果。厚生劳动科学研究项目的相关主任研究员、分担研究人员以及研究合作者，都给予了许多的意见和帮助。还要向允许我进行比较自由研究活动的国立社会保障与人口问题研究所表示谢意。

最后的感谢，要送给我的丈夫阿部直也，他在工作和育儿两方面都一直是我的搭档和支持者。十年来，我作为一名贫困研究人员的历程,与丈夫的婚姻生活相重叠。在此我想说,我作为研究人员的所有成果都建立在丈夫的鼓励之上。

阿部 彩

2008 年 10 月

主要参考文献

（据日文原著影印）

厚生労働省「国民生活基礎調査」各年
厚生労働省「人口動態統計」各年

苅谷剛彦『大衆教育社会のゆくえ——学歴主義と平等神話の戦後史』中公新書，1995年
鎌田とし子編著『貧困と家族崩壊——「ひとり暮らし裁判」の原告たち』ミネルヴァ書房，1999年
竹内洋『学歴貴族の栄光と挫折』中央公論新社，1999年
阿部彩「社会保険料の逆進性が世代内所得不平等にもたらす影響」『季刊社会保障研究』Vol. 36, Summer 2000 No.1，東京大学出版会，2000年
佐藤俊樹『不平等社会日本——さよなら総中流』中公新書，2000年
苅谷剛彦『階層化日本と教育危機——不平等再生産から意欲格差社会』有信堂高文社，2001年
柴田謙治「低所得と生活不安定」平岡公一編『高齢期と社会的不平等』東京大学出版会，2001年
厚生労働省「母子家庭等自立支援対策大網」厚生労働省HP，2002年3月7日
ハンド・イン・ハンドの会『ハンド・イン・ハンド』第202号，2002年
青木紀編著『現代日本の「見えない」貧困——生活保護受給母子世帯の現実』明石書店，2003年

国立教育政策研究所編『OECD 生徒の学習到達度調査(PISA 調査) 生きるための知識と技能——2003 年調査国際結果報告書』ぎょうせい, 2003 年

全国児童相談研究会「児童虐待対策の抜本的な充実を——児童虐待防止法見直しに関する私たちの見解」2003 年 11 月 22 日

労働政策研究機構『母子世帯の母への就業支援に関する研究』調査研究報告書 No.156, 日本労働研究機構, 2003 年

阿部彩「補論「最低限の生活水準」に関する社会的評価」『季刊社会保障研究』第 39 巻第 4 号, 日本学会事務センター, 2004 年

山田昌弘『希望格差社会——「負け組」の絶望感が日本を引き裂く』筑摩書房, 2004 年

阿部彩「第四章 子供の貧困——国際比較の視点から」国立社会保障・人口問題研究所編『子育て世帯の社会保障』東京大学出版会, 2005 年

阿部彩・大石亜希子「第5章 母子世帯の経済状況と社会保障」国立社会保障・人口問題研究所編『子育て世帯の社会保障』, 東京大学出版会, 2005 年

大石亜希子「母子世帯の経済状況と 2002 年改革の評価」『生活経済政策』No.103, August 2005, 生活経済政策研究所, 2005 年

———「第6章 保育サービスをめぐる動向と課題——保育サービスの再分配効果と母親の就労」国立社会保障・人口問題研究所編『子育て世帯の社会保障』東京大学出版会, 2005 年

島崎謙治「第3章 子育て世帯に対する所得保障——児童手当および児童扶養手当の理念・沿革・課題」国立社会保障・人口問題研究所編『子育て世帯の社会保障』東京大学出版会, 2005 年

阿部彩「相対的剥奪の実態と分析——日本のマイクロデータを用いた実証研究」社会政策学会編『社会政策における福祉と就労 社会政策学会誌 第 16 号』法律文化社, 2006 年

———「第5章 貧困の現状とその要因—— 1980 〜 2000 年代の貧困率上昇の要因分析」小塩隆士・田近栄治・府川哲夫編『日

本の所得分配——格差拡大と政策の役割』東京大学出版会,
2006年
阿部彩・藤原千沙・田宮遊子「母子世帯の生活変化調査(当事者
団体調査)の結果報告」社会政策学会第113回大会配布資料,
2006年
OECD「対日経済審査報告」2006年
OECD編著『図表で見る世界の社会問題——OECD社会政策指
標:貧困・不平等・社会的排除の国際比較』高木郁朗監訳,
麻生裕子訳,明石書店,2006年
吉川徹『学歴と格差・不平等——成熟する日本型学歴社会』東京
大学出版会,2006年
厚生労働省編『平成16年 国民生活基礎調査』厚生統計協会,
2006年
国立教育政策研究所編『OECD生徒の学習到達度調査(PISA調
査) 生きるための知識と技能——2006年調査国際結果報告
書』ぎょうせい,2006年
小杉礼子・堀有喜衣『若者の包括的な移行支援に関する予備的検
討』JILPT資料シリーズNo.15,労働政策研究・研修機構,
2006年
子ども未来財団『平成17年度 児童関連サービス調査研究等事業
報告書 子育て家庭の経済状況に関する調査研究 報告書概
要』財団法人こども未来財団HP,2006年2月
生活保護制度研究会編『保護のてびき』平成18年度版,第一法
規出版,2006年
府川哲夫「第2章 国際的にみた日本の所得再分配」小塩隆士・
田近栄治・府川哲夫編『日本の所得分配——格差拡大と政策
の役割』東京大学出版会,2006年
阿部彩「日本における社会排除の実態とその要因」『季刊社会保
障研究』第43巻第1号,東京大学出版会,2007年
――「母子世帯に対する政策——児童扶養手当の満額受給有期化
の意味」『生活経済政策』No.127,8月号,生活経済政策研
究所,2007年
――「母子世帯になってからの期間と勤労所得」厚生労働科学研

究費補助金政策科学推進研究事業「日本の社会保障制度における社会的包摂(ソーシャル・インクルージョン)効果の研究」平成18年度報告書, 2007年

岩川直樹・伊田広行編著『貧困と学力』明石書店, 2007年

岩田正美『現代の貧困——ワーキングプア／ホームレス／生活保護』筑摩書房, 2007年

NPO法人しんぐるまざあず・ふぉーらむ編『母子家庭の仕事とくらし——母子家庭の就労・子育て実態調査報告書』しんぐるまざあず・ふぉーらむ, 2007年

菊地英明「排除されているのは誰か？——「社会生活に関する実態調査」からの検討」『季刊社会保障研究』第43巻第1号, 東京大学出版会, 2007年

厚生労働省『平成18年度 全国母子世帯等調査結果報告』厚生労働省雇用均等・児童家庭局, 2007年

小宮幸夫「だれもが安心して学べる小・中学校を——教育の機会均等を支える就学援助」岩川直樹・伊田広行編著『貧困と学力』明石書店, 2007年

生活保護の動向編集委員会編『生活保護の動向 平成19年版』中央法規出版, 2007年

田中聡一郎「ワークフェアと所得保障」埋橋孝文編著『ワークフェア——排除から包摂へ？』法律文化社, 2007年

松本伊智朗「子ども：子どもの貧困と社会的公正」青木紀・杉村宏編著『現代の貧困と不平等—日本・アメリカの現実と反貧困戦略—』明石書店, 2007年

松山潤子「無償のはずなのに，お金のかかる義務教育」岩川直樹・伊田広行編著『貧困と学力』明石書店, 2007年

道中隆「保護受給層の貧困の様相——保護受給世帯における貧困の固定化と世代的連鎖」『生活経済政策』No. 127, 2007年8月

湯浅克人「生活保護世帯の子どもの高校進学を支える」岩川直樹・伊田広行編著『貧困と学力』明石書店, 2007年

浅井春夫・松本伊智朗・湯澤直美編『子どもの貧困——子ども時代のしあわせ平等のために』明石書店, 2008年

阿部彩「日本における子育て世帯の社会的排除と社会政策」社会

政策学会編『社会政策学会誌　第19号』法律文化社，2008年(a)
―「低所得層の実態の把握」厚生労働科学研究費補助金政策科学推進研究事業「低所得者の実態と社会保障のあり方に関する研究」平成19年度報告書，2008年(b)
岩田美香「貧困家庭と子育て支援」『季刊社会保障研究』第43巻第3号，東京大学出版会，2008年
NHKスペシャル『ワーキングプア』取材班編『ワーキングプア――解決への道』ポプラ社，2008年
大津和夫『置き去り社会の孤独』日本評論社，2008年
川松亮「児童相談所からみる子どもの虐待と貧困――虐待のハイリスク要因としての貧困」浅井春夫・松本伊智朗・湯澤直美編『子どもの貧困――子ども時代のしあわせ平等のために』明石書店，2008年
国立社会保障・人口問題研究所『社会保障統計年報　平成19年版』2008年
小西祐馬「先進国における子どもの貧困研究――国際比較研究と貧困の世代的再生産をとらえる試み」浅井春夫・松本伊智朗・湯澤直美編『子どもの貧困――子ども時代のしあわせ平等のために』明石書店，2008年
周燕飛「養育費の徴収と母子世帯の経済的自立」労働政策研究・研修機構HP，2008年
鈴木亘「第5章　医療と生活保護」阿部彩・國枝繁樹・鈴木亘・林正義著『生活保護の経済分析』東京大学出版会，2008年
田宮遊子・四方理人「母子世帯の仕事と育児――生活時間の国際比較から」『季刊社会保障研究』第43巻第3号，東京大学出版会，2008年
堤未果『ルポ　貧困大国アメリカ』岩波新書，2008年
内閣府『平成20年版　少子化社会白書』2008年
実方伸子「保育の場からみる子どもの貧困――子どもと家族をまるごと支える」浅井春夫・松本伊智朗・湯澤直美『子どもの貧困――子ども時代のしあわせ平等のために』明石書店，2008年

湯浅誠『反貧困――「すべり台社会」からの脱出』岩波新書, 2008年

森信茂樹編『給付つき税額控除』中央経済社, 2008年

山野良一『子どもの最貧国・日本――学力・心身・社会におよぶ諸影響』光文社新書, 2008年

Mack, J. and Lansley, S., *Poor Britain*, Allen and Unwin, 1985.

Townsend, P., *The International Analysis of Poverty*, Harvester Wheatsheaf, 1993.

Duncan, G., and Brooks-Gunn, J., eds., *Consequence of Growing Up Poor*, Russell Sage Foundation, 1997.

Corcoran, M. & Adams, T., "Race, Sex, and the Intergenerational Transmission of Poverty," Duncan, G., & Brooks-Gunn, J., eds., *Consequences of Growing Up Poor*, Russell Sage Foundation, 1997.

Duncan, G. & Brooks-Gunn, J., "Income Effects Across the Life Span: Integration and Interpretation," Duncan, G. & Brooks-Gunn, J., eds., *Consequences of Growing Up Poor*, Russell Sage Foundation, 1997.

Hauser, R.M., & Sweeney, M. M., "Does Poverty in Adolescence Affect the Life Chances of High School Graduates?", Duncan, G., & Brooks-Gunn, J., eds., *Consequences of Growing Up Poor*, 1997.

Duncan, G., Yeung, W.J., Brooks-Gunn, J. and Smith, J., "How Much Does Childhood Poverty Affect the Life Chances of Children?", *American Sociological Review*, Vol.63, 1998.

Haaga, J. & Moffitt, R., *Welfare, the Family, and Reproductive Behavior: Report of a Meeting*, National Research Council, Committee on Population Board on Children, Youth, and Families, 1998.

Gordon, D. et al., *Poverty and Social Exclusion in Britain*, Rowntree Foundation. 2000.

Case, Anne, Lubotsky, Darren and Paxson, Christine, "Economic Status and Health in Childhood: The Origins of the Gradi-

ent." *The American Economic Review*, 92(5), 2002.
Garces, E., Thomas, D. and Currie, J., "Longer-Term Effects of Head Start," *The American Economic Review*, Vol.92, No.4, 2002.
Clark-Kauffman, E., Duncan, G. & Morris, P., "How Welfare Policies Affect Child and Adolescent Achievement", *The American Economic Review*, Vol.93, No.2, 2003.
Currie, Janet and Stabile, Mark, "Socioeconomic Status and Child Health: Why is the Relationship Stronger for Older Children?", *The American Economic Review*, Vol.93, No.5, 2003.
Förster, M.& Mira d'Ercole, M., "Income Distribution and Poverty in OECD Countries in the Second-Half of the 1990s," OECD Social Employment and Migration Working Papers 22, DELSA/ELSA/WD/SEM, 2005.
OECD, "Economic Survey of Japan 2006," http://www.oecd.org/, 2006.
—— *Education at a Glance 2007*, OECD, 2007.
UNICEF, *An Overview of child well-being in rich countries*, UNICEF Innocenti Research Centre Report Card 7, 2007.